Policía Local

Febrero 2024

Curso

*La diferencia entre aprobar
y sacar plaza*

Policía Local

Accede a tu **Curso MAD360** y disfruta de los siguientes recursos:

- Más de 3.100 preguntas de test *online*.
- Técnicas de Memoria 360.
- Temario en formato digital.
- Simulacros de examen *online*.
- Vídeos.
- Planificación de estudio.
- Actualizaciones legislativas de este temario (Boletines Oficiales).
- Foro entre opositores.
- Guía del Curso.
- Recursos y novedades exclusivas.

Para acceder al Curso MAD360* será necesaria la compra de todos los libros para esta especialidad de la edición 2024.

Valida los códigos que encuentras en la última página de tus libros y disfruta de la experiencia MAD360.

Infórmate en: mad.es/registro-campus

NOTA IMPORTANTE:

* El acceso al CURSO MAD360 estará disponible desde febrero de 2024 (algunos recursos podrían estar disponibles en fecha posterior). Tendrá una duración de 365 días, desde la validación de códigos, o hasta el 31 de marzo del 2025, lo que se cumpla antes.

MAD se reserva el derecho a ampliar dichas fechas.

Policía Local

Simulacros de examen

Autores

FRANCISCO JESÚS TORRES FONSECA
Licenciado en Derecho

JOSÉ LUIS GARRIDO VELA
Licenciado en Derecho

PATRICIA PÉREZ SÁNCHEZ-ROMATE
Licenciada en Derecho

© 7 Editores Recursos para la Cualificación Profesional y el Empleo, S.L. (7 Editores)
©Los autores
Septima edición, febrero 2024 (254 páginas)
Derechos de edición reservados a favor de 7 Editores
IMPRESO EN ESPAÑA
Diseño Portada: 7 Editores
Edita: 7 Editores
Avda. San Francisco Javier, 9 · Edificio Sevilla 2 · Planta 11 · Módulos 25-27 · 41018 Sevilla
Teléfono: 954 784 411 · WEB: www.mad.es · e-mail: administracion@7editores.com
ISBN: 978-84-142-7912-0
© "Editorial Mad" y "Eduforma" son nombres comerciales registrados de
7 Editores Recursos para la Cualificación Profesional y el Empleo, S.L.

Presentación

Presentamos el manual de Simulacros de examen para la preparación de las pruebas selectivas de acceso a plazas de Policía Local que se convoquen por los distintos Ayuntamientos.

Contiene 10 simulacros de examen compuestos por 100 preguntas cada uno, que versan sobre las materias contenidas en nuestro Temario General para Policías Locales, integradas por cuatro opciones de respuesta de las que solo una de ellas es la correcta.

Un total de 1000 preguntas tipo test que se han redactado y combinado con sentido práctico y con la debida proporción entre las materias exigidas, constituyendo así cuestionarios eficaces en una preparación competitiva de este tipo de pruebas selectivas.

Finalmente, a través de nuestro Curso *online* MAD360, te ofrecemos una gran cantidad de recursos adicionales para completar tu preparación. Consulta las condiciones en la primera página de tu manual.

Índice

SIMULACRO N.º 1

1. ¿Qué artículo de la Constitución Española de 1978 proclama el principio de suficiencia financiera de las Haciendas Locales?

a) Artículo 137.
b) Artículo 140.
c) Artículo 141.
d) Artículo 142.

2. Según el artículo 1 de la Constitución Española, la forma política del Estado español es:

a) La Monarquía hereditaria.
b) La Monarquía Constitucional.
c) La Monarquía Parlamentaria.
d) La Monarquía limitada.

3. ¿Cuál de los siguientes no es uno de los valores superiores de nuestro ordenamiento jurídico?

a) El pluralismo político.
b) La solidaridad.
c) La libertad.
d) La igualdad.

4. ¿Qué Título dedica la Constitución Española a tratar del Gobierno y la Administración, su composición y funciones, nombramiento, cese, etc.?

a) El Título Tercero.
b) El Título Cuarto.
c) El Título Quinto.
d) En ninguno ya que solo desarrolla lo relativo al Gobierno no lo referente a la Administración.

5. La Constitución Española de 1978 tiene las siguientes disposiciones:

a) Nueve Disposiciones Adicionales, cuatro Disposiciones Transitorias, una Disposición Derogatoria y una Disposición Final.
b) Cuatro Disposiciones Adicionales, nueve Disposiciones Transitorias, una Disposición Derogatoria y una Disposición Final.

c) Tres Disposiciones Adicionales, ocho Disposiciones Transitorias, una Disposición Derogatoria y una Disposición Final.

d) Cuatro Disposiciones Adicionales, nueve Disposiciones Transitorias, dos Disposiciones Derogatorias y una Disposición Final.

6. El derecho a elegir libremente la residencia, a circular por el territorio nacional y a entrar y salir libremente de España se encuentra contemplado en el:

a) Artículo 15 de la Constitución Española.
b) Artículo 18 de la Constitución Española.
c) Artículo 19 de la Constitución Española.
d) Artículo 20 de la Constitución Española.

7. El Defensor del Pueblo es elegido por las Cortes Generales por un periodo de cinco años, pero ¿quién propone su elección?

a) Los Plenos de ambas Cámaras por mayoría absoluta.
b) El Presidente del Gobierno.
c) La Comisión mixta Congreso-Senado para las elecciones del Defensor del Pueblo.
d) La Comisión mixta Congreso-Senado para las relaciones con el Defensor del Pueblo.

8. ¿Qué características se derivan de la regulación constitucional de la Provincia?

a) Su carácter de Ente Local y de división territorial para el cumplimiento de los servicios estatales.
b) Ser Entidad titular de la iniciativa para la constitución de las Comunidades Autónomas.
c) Goza de autonomía para la gestión de sus intereses.
d) Todas son correctas.

9. ¿De quién recibe instrucciones el Defensor del Pueblo?

a) De nadie.
b) De las Cortes Generales.
c) La Comisión mixta Congreso-Senado para las relaciones con el Defensor del Pueblo.
d) Del Ministerio Fiscal.

10. ¿A petición de quién pueden las Cámaras reunirse en sesión extraordinaria?

a) Del Gobierno.
b) De la Diputación Permanente.
c) De la mayoría absoluta de los miembros de cualquiera de las Cámaras.
d) Todas son correctas.

11. ¿Quién establece el Orden del Día de las Comisiones del Pleno del Congreso de los Diputados?

a) El Presidente del Congreso.
b) El Presidente del Gobierno.

c) La Mesa del Congreso.
d) La Junta de Portavoces.

12. En cada provincia, con jurisdicción en toda ella y sede en su capital, hay uno o más Juzgados de Menores. ¿Cuándo podrán establecerse Juzgados de Menores cuya jurisdicción se extienda o bien a un partido determinado o agrupación de partidos, o bien a dos o más provincias de la misma Comunidad Autónoma?

a) En ningún caso.
b) Cuando intereses económicos, políticos o sociales lo aconsejen.
c) Cuando el volumen de trabajo lo aconseje.
d) Cuando el Juzgado abarque una población mínima de 500.000 habitantes.

13. El Tribunal Supremo es competente en todos los órdenes jurisdiccionales, inclusive las materias constitucionales:

a) Cierto.
b) Falso.
c) En el orden constitucional, solo conocerá del recurso de amparo, no del recurso de inconstitucionalidad.
d) Todas son incorrectas.

14. ¿De cuántas Salas consta una Audiencia Provincial?

a) Una.
b) Tres.
c) Cuatro.
d) La Audiencia Provincial carece de Salas.

15. ¿Cuál de los siguientes está legitimado para interponer el recurso de inconstitucionalidad?

a) El Ministerio Fiscal.
b) El Presidente del Gobierno.
c) El Presidente del Congreso.
d) El Presidente del Senado.

16. ¿Cómo debe de otorgarse una delegación legislativa cuando su objeto sea refundir varios textos legales en uno solo?

a) Mediante una Ley Ordinaria.
b) Mediante una Ley de Bases.
c) Mediante una Ley Orgánica.
d) Por cualquiera de las anteriores.

17. ¿Qué plazo señala la Constitución para que los Decretos-Leyes sean sometidos a debate y votación por el Congreso de los Diputados?

a) En el plazo de diez días siguientes a su promulgación.
b) En el plazo de quince días siguientes a su promulgación.
c) En el plazo de veinte días siguientes a su promulgación.
d) En el plazo de treinta días siguientes a su promulgación.

18. ¿Quiénes accedieron a la autonomía por la vía del artículo 144 y Disposición Transitoria Quinta?

a) Comunidad Foral de Navarra y País Vasco.
b) Comunidad Autónoma de Cataluña y Comunidad Autónoma Valenciana.
c) Las Ciudades de Ceuta y Melilla.
d) Ninguna de las anteriores.

19. ¿Cuál es el primer texto legislativo español que dividió el territorio nacional en Municipios y Provincias?

a) La Constitución de 1869.
b) El Estatuto Real de 1834.
c) El Decreto de Javier de Burgos, de 30 de noviembre de 1833.
d) La Constitución de 1812.

20. ¿Cómo se adquiere la condición de vecino tras la reforma de la Ley 4/1996, de 10 de enero, modificadora de la Ley Régimen Local?

a) Automáticamente al inscribirse en el Padrón.
b) Automáticamente si es residente en el municipio.
c) Solo los transeúntes deben de inscribirse en el Padrón Municipal.
d) Ninguna es correcta.

21. Se entiende como Entidades Locales integradas por Municipios de grandes aglomeraciones urbanas entre cuyos núcleos de población existen vinculaciones económicas y sociales que hacen necesaria la planificación conjunta y la coordinación de determinados servicios y obras a:

a) Las Mancomunidades de Municipios.
b) Las Áreas Metropolitanas.
c) Diputaciones Provinciales.
d) Comarcas.

22. ¿Cuál de los siguientes órganos forma parte de la organización provincial, según el artículo 119 Reglamento de Organización, Funcionamiento y Régimen Jurídico de las Entidades Locales?

a) Las Comisiones Informativas.
b) La Comisión Especial de Cuentas.

c) Los Consejos Sectoriales.
d) Todos ellos.

23. La Dirección General de la Policía accederá a los datos de inscripción padronal de los extranjeros existentes en los Padrones Municipales, preferentemente por vía:

a) Telefónica.
b) Postal.
c) Telegráfica.
d) Telemática.

24. ¿Cuál es el motivo fundamental por el que los Municipios se asocian entre sí voluntariamente para hacer una gestión común de sus competencias, surgiendo así las Mancomunidades?

a) Económico.
b) Social.
c) Político.
d) Territorial.

25. Una característica fundamental de las relaciones jurídico-administrativas suele ser:

a) La actuación de la Administración como persona de Derecho Privado.
b) El actuar la Administración normalmente como parte pasiva de la relación.
c) Estar regulada esta relación por el Derecho Administrativo.
d) Todas son correctas.

26. ¿Quién controla la potestad reglamentaria y la legalidad de la actuación administrativa, así como el sometimiento de esta a los fines que la justifican?

a) Los Tribunales.
b) El Gobierno.
c) El Ministerio Fiscal.
d) La Comisión General de Secretarios de Estado y Subsecretarios.

27. ¿Qué puede regular un Reglamento Independiente o praeter legem?

a) Poderes discrecionales administrativos.
b) Impuestos.
c) Sanciones.
d) Todas las anteriores son correctas.

28. ¿Cuáles son los Reglamentos que se limitan a desarrollar los preceptos previamente sentados en una Ley formal o acto equiparado a ella?

a) Los secundum legem.
b) Los Reglamentos praeter legem.

c) Los Reglamentos contra legem.
d) Ninguna es correcta.

29. Si por resolución judicial firme resultaren anulados o modificados los acuerdos locales o el texto de las Ordenanzas fiscales, la Entidad Local vendrá obligada:

a) A adecuar a los términos de la sentencia todas las actuaciones que lleve a cabo con posterioridad a la fecha en que aquella le sea notificada.
b) A adecuar a los términos de la sentencia todas las actuaciones que lleve a cabo con posterioridad a la fecha en que aquella le sea publicada.
c) A adecuar a los términos de la sentencia todas las actuaciones que lleve a cabo con anterioridad a la fecha en que aquella le sea publicada.
d) A adecuar a los términos de la sentencia todas las actuaciones que lleve a cabo con anterioridad a la fecha en que aquella le sea publicada.

30. Indica cuál de los siguientes elementos no forma parte del concepto de "Droga":

a) Tiene efectos perjudiciales para la salud.
b) Es una sustancia natural o sintética.
c) Modifica funciones en un organismo vivo.
d) Actúa sobre el sistema nervioso periférico.

31. Cuando las normas reguladoras de los procedimientos no fijen plazo máximo para recibir la notificación, este será de:

a) Dos meses.
b) Tres meses.
c) Seis meses.
d) Cinco meses.

32. ¿Qué deben contener las notificaciones que haga la Administración de las resoluciones y actos administrativos?

a) La expresión de los recursos que procedan.
b) El órgano ante el que hubieran de presentarse los recursos.
c) El texto íntegro de la resolución.
d) Todas son correctas.

33. Los actos expresos o presuntos contrarios al ordenamiento jurídico por los que se adquiere facultades o derechos cuando se carezca de los requisitos esenciales para su adquisición, son:

a) Nulos de pleno derecho.
b) Anulables.
c) Irregulares.
d) Inconvalidables.

34. Los procedimientos se iniciarán de oficio:

a) Por acuerdo del órgano competente, por propia iniciativa.

b) Por acuerdo del órgano competente, bien por propia iniciativa o como consecuencia de orden inferior.

c) A petición razonada de otros órganos o por denuncia.

d) Por acuerdo del órgano competente, bien por propia iniciativa o como consecuencia de orden superior, a petición razonada de otros órganos o por denuncia.

35. Las solicitudes, escritos y comunicaciones que los ciudadanos dirijan a los órganos de las Administraciones Públicas podrán presentarse:

a) En las oficinas de Correos, en la forma que legalmente se establezca.

b) En las representaciones diplomáticas u oficinas consulares de España en el extranjero.

c) En los registros de cualquier órgano administrativo que pertenezca a la Administración General del Estado, a la de cualquier Administración de las Comunidades Autónomas, o a la de alguna de las Entidades que integran la Administración Local hubiese o no suscrito Convenio.

d) Todas las respuestas son correctas.

36. Señala la respuesta incorrecta:

a) La resolución que ponga fin al procedimiento habrá de ser motivada y resolverá todas las cuestiones planteadas en el expediente.

b) En la resolución no se podrán aceptar hechos distintos de los determinados en el curso del procedimiento, con independencia de su diferente valoración jurídica.

c) La resolución será ejecutiva cuando ponga fin a la vía administrativa.

d) La resolución que ponga fin al procedimiento habrá de ser motivada y resolverá todas las cuestiones incidentales planteadas en el expediente.

37. ¿Cuál de los siguientes actos no forma parte de los propios de la instrucción del procedimiento administrativo local?

a) La información pública.

b) La audiencia del interesado.

c) La prueba.

d) La citación.

38. ¿Cuál es el medio utilizado por la Administración para el cobro de las cantidades líquidas adeudadas a la misma que voluntariamente no han sido abonadas por los obligados a ello?

a) Apremio sobre el patrimonio.

b) Multa coercitiva.

c) Ejecución subsidiaria.

d) Compulsión sobre las personas.

39. ¿Por cuál de los siguientes medios no llevará a cabo las ejecuciones forzosas la Administración?

a) Detención sobre las personas.
b) Multa coercitiva.
c) Ejecución subsidiaria.
d) Apremio sobre el patrimonio.

40. ¿Quién expide los documentos en que se formalizan las licencias y sus posibles transmisiones?

a) El Alcalde.
b) El Secretario de la Corporación.
c) El encargado del Registro.
d) El Concejal de Urbanismo.

41. ¿Cuándo quedan sin efecto las licencias municipales?

a) Por cumplimiento del plazo.
b) Por cumplimiento de las condiciones.
c) Por cambio de circunstancias.
d) Las respuestas a) y c) son correctas.

42. ¿Cuándo está prohibida la transmisibilidad de las licencias?

a) Cuando el número de las otorgables fuera limitado.
b) Las relativas a las condiciones de una obra, instalación o servicio.
c) Siempre que sean concernientes a las cualidades de un sujeto o al ejercicio de actividades sobre bienes de dominio público.
d) Las respuestas b) y c) son correctas.

43. Señala la respuesta incorrecta respecto al personal eventual de las Entidades Locales:

a) Se entiende por personal eventual al que en virtud de nombramiento y con carácter no permanente, solo realiza funciones expresamente calificadas como de confianza o asesoramiento especial, siendo retribuido con cargo a los créditos presupuestarios consignados para este fin.
b) Su nombramiento y cese serán libres. El cese tendrá lugar, en todo caso, cuando se produzca el de la autoridad a la que se preste la función de confianza o asesoramiento.
c) La condición de personal eventual constituye mérito para el acceso a la Función Pública o para la promoción interna.
d) Al personal eventual le será aplicable, en lo que sea adecuado a la naturaleza de su condición, el régimen general de los funcionarios de carrera.

44. Por ser preciso atender el cuidado de un familiar de primer grado, el funcionario tendrá derecho a solicitar una reducción de hasta el cincuenta por ciento de la jornada laboral, con carácter retribuido, por razones de enfermedad muy grave y por el plazo máximo de:

a) Un mes.
b) Dos meses.
c) Tres meses.
d) Seis meses.

45. Por nacimiento de hijos prematuros o que por cualquier otra causa deban permanecer hospitalizados a continuación del parto, la funcionaria o el funcionario tendrá derecho a ausentarse del trabajo durante un máximo de:

a) Cuatro horas diarias percibiendo las retribuciones íntegras.
b) Tres horas diarias percibiendo las retribuciones íntegras.
c) Dos horas diarias percibiendo las retribuciones íntegras.
d) Una hora diaria percibiendo las retribuciones íntegras.

46. Según la Ley Orgánica 4/2010, de 20 de mayo, del Régimen Disciplinario del Cuerpo Nacional de Policía, es una falta muy grave:

a) El incumplimiento del deber de fidelidad a la Constitución en el ejercicio de las funciones.
b) La omisión de la obligación de dar cuenta a la superioridad con la debida diligencia de todo asunto que por su entidad requiera su conocimiento o decisión urgente.
c) No prestar servicio, alegando supuesta enfermedad.
d) La desobediencia a los superiores jerárquicos o los responsables del servicio con motivo de las órdenes o instrucciones legítimas dadas por aquellos, salvo que constituyan infracción manifiesta del ordenamiento jurídico.

47. Según la Ley Orgánica 4/2010, de 20 de mayo, del Régimen Disciplinario del Cuerpo Nacional de Policía, es una falta grave:

a) El acoso sexual y el acoso laboral, consistente este último en la realización reiterada, en el marco de una relación de servicio, de actos de acoso psicológico u hostilidad.
b) Embriagarse o consumir drogas tóxicas, estupefacientes o sustancias psicotrópicas durante el servicio o realizarlo en estado de embriaguez o bajo los efectos manifiestos de los productos citados.
c) El retraso o la negligencia en el cumplimiento de las funciones y órdenes recibidas.
d) La infracción de las normas de prevención de riesgos laborales que pongan en grave riesgo la vida, salud, o integridad física, propia o de sus compañeros o subordinados.

48. Según la Ley Orgánica 4/2010, de 20 de mayo, del Régimen Disciplinario del Cuerpo Nacional de Policía, es una falta grave:

a) La exhibición de los distintivos de identificación sin causa justificada.
b) La omisión intencionada de saludo a un superior, que este no lo devuelva o infringir de otro modo las normas que lo regulan.

c) Solicitar y obtener cambios de destino mediando cualquier recompensa, ánimo de lucro o falseando las condiciones que los regulan.

d) El incumplimiento de las normas sobre incompatibilidades cuando ello dé lugar a una situación de incompatibilidad.

49. ¿Qué artículo de la Constitución faculta a las Comunidades Autónomas a asumir competencias en materia de vigilancia y protección de sus edificios e instalaciones, así como de "coordinación y demás facultades en relación con las Policías Locales?

a) Artículo 144.
b) Artículo 148.
c) Artículo 151.
d) Artículo 155.

50. Las Comunidades Autónomas podrán asumir competencias en materia de vigilancia y protección de sus edificios e instalaciones, así como de coordinación y demás facultades en relación con las Policías Locales en los términos que establezca:

a) El Estatuto de Autonomía.
b) Una Ley Orgánica.
c) Una Ley ordinaria.
d) Un reglamento.

51. Según el artículo 37.3 de la Ley Orgánica de Fuerzas y Cuerpos de Seguridad, las Comunidades Autónomas cuyos Estatutos no prevean la creación de Cuerpos de Policía, también podrán ejercer las funciones de vigilancia y protección de sus edificios e instalaciones mediante la firma con el Estado de:

a) Acuerdos de cooperación específica.
b) Convenios de delegación.
c) Pactos puntuales de transferencias.
d) Conferencias sectoriales de vigilancia pública.

52. El Consejo de Política de Seguridad está asistido por un órgano de carácter técnico, denominado:

a) Comisión Informativa.
b) Secretaría General Técnica.
c) Comité de Expertos.
d) Gabinete Técnico.

53. Conforme al artículo 51 de la Ley Orgánica de Fuerzas y Cuerpos de Seguridad, los Municipios:

a) Podrán crear Cuerpos de Policía propios.
b) Deberán crear Cuerpos de Policía propios.

c) No podrán crear Cuerpos de Policía propios.
d) Deben contar con personal propio que desempeñe funciones de custodia y vigilancia de bienes, servicios e instalaciones.

54. ¿Pueden los Cuerpos de Policía propios de los municipios desempeñar sus funciones en territorios de otros municipios en una situación de emergencia?

a) No, en ningún caso.
b) Solo si la emergencia afecta a la seguridad y protección de las Autoridades locales de su municipio.
c) Sí, sin necesidad de autorización ni requerimiento alguno.
d) Sí, previo requerimiento de las Autoridades competentes.

55. La Constitución Española menciona a la Policía Judicial en:

a) El artículo 104.
b) El artículo 125.
c) El artículo 126.
d) No la menciona.

56. La dependencia de la Policía Judicial de Jueces, Magistrados y Ministerio Fiscal es de tipo:

a) Administrativa.
b) Funcional.
c) Orgánica.
d) Constitucional.

57. La Policía Judicial en sus funciones de averiguación del delito, depende:

a) Del Gobierno.
b) Del Ministro del Interior.
c) De Jueces, Magistrados y Ministerio Fiscal.
d) Del Ministerio de Justicia.

58. Según el artículo 1 de la Ley Orgánica 4/2015, de 30 de marzo, de protección de la seguridad ciudadana, la seguridad ciudadana es un requisito indispensable para el pleno ejercicio de los derechos fundamentales y las libertades públicas, y su salvaguarda es función del Estado, con sujeción a la Constitución y a las Leyes, como bien jurídico de carácter:

a) Colectivo.
b) Individual.
c) Personal.
d) Cívico.

59. Es un fin de la Ley Orgánica 4/2015, de 30 de marzo, de protección de la seguridad ciudadana y de la acción de los poderes públicos en su ámbito de aplicación, el respeto a las Leyes, a la.....................y a la seguridad ciudadana en el ejercicio de los derechos y libertades. Señalar la palabra que falta:

a) Convivencia.
b) Paz.
c) Protección.
d) Concordia.

60. Según el artículo 4 de la Ley Orgánica 4/2015, de 30 de marzo, de protección de la seguridad ciudadana, el ejercicio de las potestades y facultades reconocidas por esta Ley a las administraciones públicas y, específicamente, a las autoridades y demás órganos competentes en materia de seguridad ciudadana y a los miembros de las Fuerzas y Cuerpos de Seguridad se regirá por los principios de legalidad, igualdad de trato y no discriminación, oportunidad, proporcionalidad, eficacia, eficiencia y:

a) Transparencia.
b) Objetividad.
c) Normalidad.
d) Responsabilidad.

61. Tiene la condición de ciclomotor el vehículo de dos ruedas, con una velocidad máxima por construcción no superior a 45 km/h con un motor, si es de combustión interna, de cilindrada inferior o igual a:

a) 45 cm^3.
b) 50 cm^3.
c) 75 cm^3.
d) 125 cm^3.

62. La tara de un vehículo para personas de movilidad reducida no puede superar:

a) Los 200 kg.
b) Los 350 kg.
c) Los 500 kg.
d) Los 750 kg.

63. Se considera remolque ligero aquel cuya masa máxima autorizada no exceda de:

a) Los 200 kg.
b) Los 350 kg.
c) Los 500 kg.
d) Los 750 kg.

64. El art. 63 TRLTSV dispone que al titular de un permiso o licencia de conducción se le asignará un crédito inicial de:

a) 10 puntos.
b) 12 puntos.
c) 14 puntos.
d) 15 puntos.

65. Al titular de un permiso o licencia de conducción que, tras perder su asignación total de puntos, ha obtenido nuevamente el permiso o la licencia de conducción, se le asignará un crédito inicial de:

a) 8 puntos.
b) 10 puntos.
c) 11 puntos.
d) 12 puntos.

66. ¿Cuánto tiempo ha de transcurrir sin haber sido sancionado en firme en vía administrativa por la comisión de infracción que lleve aparejada la pérdida de puntos, para que el titular de un permiso o licencia de conducción afectado por la pérdida parcial de puntos por una infracción muy grave recupere la totalidad del crédito inicial?

a) 1 año.
b) 2 años.
c) 3 años.
d) 4 años.

67. Cuando se señalicen tramos de obras, las marcas viales serán de color:

a) Amarillo.
b) Azul.
c) Naranja.
d) Blanco.

68. Tanto los agentes de la autoridad que regulen la circulación como la Policía Militar, el personal de obras y el de acompañamiento de los vehículos en régimen de transporte especial, que regulen la circulación, y, en su caso, las patrullas escolares, el personal de protección civil y el de organizaciones de actividades deportivas o de cualquier otro acto, deberán utilizar prendas de colores llamativos y dispositivos o elementos retrorreflectantes que permitan a los conductores y demás usuarios de la vía que se aproximen distinguirlos a una distancia mínima de:

a) 50 metros.
b) 100 metros.
c) 150 metros.
d) 250 metros.

69. ¿Cuál de las siguientes señales utilizadas por los agentes de la autoridad responsables del tráfico, obliga a disminuir la velocidad de su vehículo a los conductores que se acerquen al agente por el lado correspondiente al brazo que ejecuta la señal y perpendicularmente a dicho brazo?

a) Brazo levantado verticalmente.
b) Brazo extendido horizontalmente.
c) Balanceo de una luz roja o amarilla.
d) Brazo extendido moviéndose alternativamente de arriba abajo.

70. ¿Quién preside la Conferencia Nacional de Transportes?

a) El Presidente del Gobierno.
b) El Ministro del Interior.
c) El Ministro de Transportes y Movilidad Sostenible.
d) El Director General de la Guardia Civil.

71. ¿Cuál es el órgano superior de asesoramiento, consulta y debate sectorial de la Administración en asuntos que afecten al funcionamiento del sistema de transportes?

a) El Consejo Nacional de Transportes Terrestres.
b) La Junta Arbitral del Transporte.
c) La Comisión Nacional de Sistema de Transportes.
d) El Comité Técnico Nacional de Transportes y Mercancías.

72. No será necesaria la previa obtención de autorización para realizar el transporte de viajeros o mercancías realizado en vehículos cuya velocidad máxima autorizada no supere:

a) Los 40 kilómetros por hora.
b) Los 50 kilómetros por hora.
c) Los 60 kilómetros por hora.
d) Los 80 kilómetros por hora.

73. La Ley sobre Tráfico, Circulación de Vehículos a Motor y Seguridad Vial se aprueba por:

a) El RD 5/2007, de 5 de abril.
b) Ley 5/1990, de 5 de abril.
c) Real Decreto Legislativo 339/1990, de 2 de marzo.
d) Real Decreto Legislativo 6/2015, de 30 de octubre.

74. La Inspección Técnica de Vehículos se regula por:

a) RD 2042/1994, de 14 de octubre.
b) RD 920/2017, de 23 de octubre.

c) RD 2822/1998, de 23 de diciembre.
d) RD 1/1993, de 24 de septiembre.

75. Según la OMS, ¿en qué posición se sitúa España en seguridad vial?

a) Cuarto.
b) Décimo.
c) Duodécimo.
d) Vigésimo segundo.

76. Según la OMS, ¿cuántos son los fallecidos cada 100.000 habitantes?

a) 3,4.
b) 7,8.
c) 9,3.
d) 5,4.

77. El error sobre un hecho que cualifique la infracción o sobre una circunstancia agravante:

a) Se aplicará la pena inferior en un grado.
b) Impedirá su apreciación.
c) Será castigada, en su caso, como imprudente.
d) Se aplicará la pena inferior en dos grados.

78. La prisión de tres meses hasta cinco años, es una pena:

a) Leve.
b) Grave.
c) Menos grave.
d) Muy grave.

79. ¿Qué Título del Libro II del vigente Código Penal, aprobado por la Ley Orgánica 10/1995, de 23 de noviembre, se dedica al homicidio y sus formas?

a) El Título I.
b) El Título II.
c) El Título III.
d) El Título IV.

80. El que matare a otro será castigado, como reo de homicidio, con la pena de prisión:

a) De uno a diez años.
b) De cinco a diez años.

c) De diez a quince años.
d) De diez a veinte años.

81. ¿Qué Título del Código Penal de 1995 se denomina "Delitos contra las relaciones familiares"?

a) El Título X.
b) El Título XI.
c) El Título XII.
d) El Título XIII.

82. El delito de bigamia:

a) Puede cometerse incluso por imprudencia leve.
b) Puede cometerse por dolo eventual.
c) Solo puede cometerse por dolo directo.
d) Podrá cometerse por imprudencia.

83. ¿En qué Título del Libro II del Código Penal, se encuentran recogidos los delitos contra el patrimonio y el orden socioeconómico?

a) En el Título XII.
b) En el Título XIII.
c) En el Título XIV.
d) En el Título XV.

84. Dispone el art. 234 del C.P que "El que, con ánimo de lucro, tomare las cosas muebles ajenas sin la voluntad de su dueño será castigado, como reo de hurto, si la cuantía de lo sustraído excediese de:

a) 300 euros.
b) 400 euros.
c) 500 euros.
d) 600 euros.

85. Señala la respuesta incorrecta respecto a los delitos contra la seguridad colectiva:

a) Se recogen en el Título XVII del Libro II del Código Penal, bajo la rúbrica «Delitos contra la seguridad colectiva».
b) Agrupan una serie de delitos cuyo denominador común es atentar, en general, contra la seguridad colectiva referida a determinados valores, como son la seguridad de grandes masas de población ante peligros de gran magnitud, la salud pública y la seguridad del tráfico automovilístico.
c) Estos delitos se conocen como delitos de peligro especial o particular.
d) Se recogen en los arts. 341 a 385 CP.

86. El que por imprudencia grave provocare un delito de estragos será castigado con la pena de:

a) Los estragos imprudentes no se sancionan, solo los dolosos.
b) Prisión de uno a cuatro años.
c) Multa de doce a veinticuatro meses.
d) Cuatro a ocho años de prisión.

87. El que en un cementerio destruyere una urna funeraria o una lápida, o un nicho comete un delito de:

a) Contra los sentimientos religiosos.
b) Daños.
c) Atentado contra el respeto a los difuntos.
d) Amenazas graves.

88. La detención o incomunicación indebida cometida por funcionario, puede ser cometida por imprudencia:

a) No.
b) Sí.
c) Solo si la imprudencia es grave.
d) Tanto por imprudencia grave como leve.

89. ¿Cuál es el órgano colegiado de consulta y asesoramiento, con el fin esencial de servir de cauce para la participación de las mujeres en la consecución efectiva del principio de igualdad de trato y de oportunidades entre mujeres y hombres, y la lucha contra la discriminación por razón de sexo?

a) La Comisión Interministerial de Igualdad entre mujeres y hombres.
b) El Consejo de Participación de las Mujeres.
c) El Observatorio de la Igualdad de Oportunidades entre Mujeres y Hombres.
d) La Junta Nacional para la Igualdad por Razón de Sexo.

90. ¿Cómo se denomina la fase del ciclo de la violencia en la que el ambiente de convivencia es tenso y envuelto de frecuentes discusiones o provocaciones al enfrentamiento?

a) Fase de agresión.
b) Fase de discusión.
c) Fase de tensión.
d) Fase de arrepentimiento.

91. La norma básica reguladora en materia de extranjería en España la constituye:

a) Acuerdo de Schengen de 14 de junio de 1985, ratificado por España el 23 de julio de 1993.
b) La Ley Orgánica 4/2000, de 11 de enero.

c) El Real Decreto 240/2007, de 16 de febrero.
d) La Ley Orgánica 8/2015, de 22 de julio.

92. La normativa española considera extranjeros:

a) A quienes no residen en territorio español.
b) A los que carezcan de la nacionalidad española.
c) A los nacionales de estados que no sean miembros de la Unión Europea.
d) A quienes no hayan nacido en España.

93. Los grados de una bebida alcohólica expresan:

a) El porcentaje que contiene de acetileno.
b) El peso de la bebida.
c) El porcentaje de alcohol que contiene.
d) Su tiempo de fermentación.

94. Indica cuál de las siguientes afirmaciones sobre las bebidas alcohólicas es cierta:

a) Es hipercalórica, y por tanto, calienta el cuerpo.
b) Es una bebida energética.
c) Es un potenciador de las relaciones sexuales.
d) Es un potente depresor del Sistema Nervioso Central.

95. El equipo bio-psico-social en la atención a la toxicomanía está formado por:

a) Un policía, un psicólogo y un médico.
b) Un médico, un psiquiatra y un psicólogo.
c) Un médico, un psicólogo y un trabajador social.
d) Un médico, una enfermera y un psicólogo.

96. En la fase de información del proceso de tratamiento de las toxicomanías se trabaja:

a) La motivación del paciente para abandonar la adicción.
b) La implicación de la familia.
c) La recopilación de datos médicos que le sirvan para un diagnóstico inicial del caso.
d) La recogida de datos sobre la adicción por la que ha acudido a la consulta.

97. La actuación de la policía de una sociedad democrática debe estar inspirada en:

a) Su carácter militar, para la defensa del gobierno imperante por encima de todo.
b) Su subordinación al ordenamiento jurídico en cuanto a sus procedimientos de actuación.
c) Su finalidad protectora del ejecutivo por encima de elementos sociales desestabilizadores.
d) Su acción identificadora con el proyecto político de los gobernantes.

98. La Policía Nacional, como parte de los Cuerpos y Fuerzas de Seguridad en España, dependen de/del:

a) Las Comunidades Autónomas.
b) Estado.
c) Las Corporaciones locales.
d) La dirección de la Guardia Civil.

99. La disciplina filosófica que trata de la valoración moral de los actos humanos intentando responder a la pregunta de qué actos son moralmente buenos es:

a) La Ética antropológica.
b) La Ética normativa.
c) La Metaética.
d) La Bioética.

100. El filósofo Immanuel Kant, que postula como principio ético fundamental el deber, es el principal exponente de la Ética:

a) Teleológica.
b) Antropológica.
c) Deontológica.
d) Consecuencialista.

Solución al simulacro n.º 1

1. d) Artículo 142.

2. c) La Monarquía Parlamentaria.

3. b) La solidaridad.

4. b) El Título Cuarto.

5. b) Cuatro Disposiciones Adicionales, nueve Disposiciones Transitorias, una Disposición Derogatoria y una Disposición Final.

6. c) Artículo 19 de la Constitución Española.

7. d) La Comisión mixta Congreso-Senado para las relaciones con el Defensor del Pueblo.

8. d) Todas son correctas.

9. a) De nadie.

10. d) Todas son correctas.

11. c) La Mesa del Congreso.

12. c) Cuando el volumen de trabajo lo aconseje.

13. b) Falso.

14. d) La Audiencia Provincial carece de Salas.

15. b) El Presidente del Gobierno.

16. a) Mediante una Ley Ordinaria.

17. d) En el plazo de treinta días siguientes a su promulgación.

18. c) Las Ciudades de Ceuta y Melilla.

19. d) La Constitución de 1812.

20. a) Automáticamente al inscribirse en el Padrón.

21. b) Las Áreas Metropolitanas.

22. d) Todos ellos.

23. d) Telemática.

24. a) Económico.

25. c) Estar regulada esta relación por el Derecho Administrativo.

26. a) Los Tribunales.

27. a) Poderes discrecionales administrativos.

28. a) Los secundum legem.

29. a) A adecuar a los términos de la sentencia todas las actuaciones que lleve a cabo con posterioridad a la fecha en que aquella le sea notificada.

30. d) Actúa sobre el sistema nervioso periférico.

31. b) Tres meses.

32. d) Todas son correctas.

33. a) Nulos de pleno derecho.

34. d) Por acuerdo del órgano competente, bien por propia iniciativa o como consecuencia de orden superior, a petición razonada de otros órganos o por denuncia.

35. b) En las representaciones diplomáticas u oficinas consulares de España en el extranjero.

36. d) La resolución que ponga fin al procedimiento habrá de ser motivada y resolverá todas las cuestiones incidentales planteadas en el expediente.

37. d) La citación.

38. a) Apremio sobre el patrimonio.

39. a) Detención sobre las personas.

40. b) El Secretario de la Corporación.

41. d) Las respuestas a) y c) son correctas.

42. a) Cuando el número de las otorgables fuera limitado.

43. c) La condición de personal eventual constituye mérito para el acceso a la Función Pública o para la promoción interna.

44. a) Un mes.

45. c) Dos horas diarias percibiendo las retribuciones íntegras.

46. a) El incumplimiento del deber de fidelidad a la Constitución en el ejercicio de las funciones.

47. d) La infracción de las normas de prevención de riesgos laborales que pongan en grave riesgo la vida, salud, o integridad física, propia o de sus compañeros o subordinados.

48. c) Solicitar y obtener cambios de destino mediando cualquier recompensa, ánimo de lucro o falseando las condiciones que los regulan.

49. b) Artículo 148.

50. b) Una ley orgánica.

51. a) Acuerdos de cooperación específica.

52. c) Comité de Expertos.

53. a) Podrán crear Cuerpos de Policía propios.

54. d) Sí, previo requerimiento de las Autoridades competentes.

55. c) El artículo 126.

56. b) Funcional.

57. c) De Jueces, Magistrados y Ministerio Fiscal.

58. a) Colectivo.

59. b) Paz.

60. d) Responsabilidad.

61. b) 50 cm³.

62. b) Los 350 kg.

63. d) Los 750 kg.

64. b) 12 puntos.

65. a) 8 puntos.

66. c) 3 años.

67. a) Amarillo.

68. c) 150 metros.

69. d) Brazo extendido moviéndose alternativamente de arriba abajo.

70. c) El Ministro de Transportes y Movilidad Sostenible.

71. a) El Consejo Nacional de Transportes Terrestres.

72. a) Los 40 kilómetros por hora.

73. d) Real Decreto Legislativo 6/2015, de 30 de octubre.

74. b) RD 920/2017, de 23 de octubre.

75. c) Duodécimo.

76. d) 5,4.

77. b) Impedirá su apreciación.

78. c) Menos grave.

79. a) El Título I.

80. c) De diez a quince años.

81. c) El Título XII.

82. c) Solo puede cometerse por dolo directo.

83. b) En el Título XIII.

84. b) 400 euros.

85. c) Estos delitos se conocen como delitos de peligro especial o particular.

86. b) Prisión de uno a cuatro años.

87. a) Contra los sentimientos religiosos.

88. c) Solo si la imprudencia es grave.

89. b) El Consejo de Participación de las Mujeres.

90. c) Fase de tensión.

91. b) La Ley Orgánica 4/2000, de 11 de enero.

92. b) A los que carezcan de la nacionalidad española.

93. c) El porcentaje de alcohol que contiene.

94. d) Es un potente depresor del Sistema Nervioso Central.

95. c) Un médico, un psicólogo y un trabajador social.

96. a) La motivación del paciente para abandonar la adicción.

97. b) Su subordinación al ordenamiento jurídico en cuanto a sus procedimientos de actuación.

98. b) Estado.

99. c) La Metaética.

100. c) Deontológica.

SIMULACRO N.º 2

1. ¿A quién atribuye la Constitución Española la potestad legislativa?

a) Al Estado.
b) A las Comunidades Autónomas.
c) Al Rey.
d) Las respuestas a) y b) son correctas.

2. ¿Qué tipo de asociaciones prohíbe nuestra Constitución?

a) Las que tengan carácter político.
b) Las secretas.
c) Las paramilitares.
d) Las secretas y las paramilitares.

3. ¿Qué consecuencias se derivan del carácter normativo de la Constitución?

a) Su carácter pragmático.
b) La no positivación de los principios constitucionales.
c) La fuerza derogatoria de la Constitución y la inconstitucionalidad sobrevenida, reconocida por su Disposición derogatoria.
d) Todas son correctas.

4. ¿En qué Título y Capítulo trata la Constitución de las Entidades Locales?

a) Título VII, Capítulo Segundo.
b) Título VII, Capítulo Tercero.
c) Título VIII, Capítulo Segundo.
d) En ninguno.

5. ¿Cuál es la religión oficial del Estado, establecida en la Constitución?

a) Católica.
b) Protestante.
c) Ninguna.
d) Católica e Islámica.

6. ¿Qué artículo de la Constitución Española de 1978 promulga el derecho a disfrutar de un medio ambiente adecuado para el desarrollo de la persona?

a) El artículo 45.
b) El artículo 46.
c) El artículo 47.
d) El artículo 51.

7. ¿A quién corresponde la suprema representación de la Comunidad Autónoma así como la del Estado en aquella?

a) Al Presidente del Gobierno de la Nación.
b) Al Presidente del Consejo de Gobierno de la Comunidad Autónoma.
c) Al Rey.
d) Al Presidente de la Asamblea Legislativa de la Comunidad Autónoma.

8. A tenor de los artículos 68 y 69 de la Constitución, ¿cuál es la circunscripción electoral para la elección de Diputados y Senadores?

a) El Municipio.
b) La Provincia.
c) El Partido Judicial.
d) La Comunidad Autónoma.

9. Las Comunidades Autónomas designarán, además de los senadores elegidos por cada una de las provincias que las componen:

a) Un senador más otro por cada 500.000 habitantes.
b) Un senador y otro más por cada 1.000.000 de habitantes por provincia.
c) Un senador y otro más por cada 1.000.000 de habitantes de su respectivo territorio.
d) Un senador adicional por cada una de las circunscripciones de la que está compuesta la Comunidad.

10. Según establecen los artículos 62 y 63 de la Constitución, ¿cuál de las siguientes no es función del Rey?

a) El mando supremo de las Fuerzas Armadas.
b) El Alto Patronazgo de las Reales Academias.
c) Sancionar, promulgar y publicar las Leyes.
d) Nombrar y separar a los miembros del Gobierno a propuesta de su Presidente.

11. Conforme al artículo 78 de la Constitución, en cada Cámara habrá una Diputación permanente compuesta por:

a) Veintiún miembros.
b) Treinta miembros.

c) Un mínimo de treinta miembros.
d) Un mínimo de veintiún miembros.

12. La base de la organización y funcionamiento de los tribunales radica en el:

a) Principio de territorialidad.
b) Principio de unidad jurisdiccional.
c) Principio de exclusividad en la función jurisdiccional.
d) Principio de seguridad jurídica.

13. Señala la respuesta correcta respecto a las Salas que integran el Tribunal Supremo:

a) La Sala Primera es de lo Penal.
b) La Sala Segunda es de lo Civil.
c) La Sala Tercera es de lo Social.
d) La Sala Quinta es de lo Militar.

14. La potestad jurisdiccional reside en:

a) El Gobierno.
b) El Rey, en cuyo nombre se administra.
c) Jueces y Tribunales.
d) El Consejo General del Poder Judicial.

15. La Sala de lo Civil de la Audiencia Nacional ha sido creada en virtud de:

a) Ley de Planta y Demarcación Judicial.
b) La Ley Orgánica del Poder Judicial.
c) La Audiencia Nacional no tiene Sala de lo Civil.
d) Ley Orgánica 10/1995, de 23 de noviembre.

16. ¿Qué miembros componen el Gobierno según la Ley 50/1997, de 27 de noviembre, del Gobierno?

a) Presidente, Vicepresidente y Ministros.
b) Presidente, Vicepresidente Primero del Gobierno, Vicepresidente Segundo del Gobierno y Ministros.
c) Presidente, Vicepresidente o Vicepresidentes, en su caso, y Ministros.
d) Presidente, Vicepresidente, Ministros y Consejo de Ministros.

17. ¿Ante quién se exige responsabilidad criminal del Presidente y los demás miembros del Gobierno?

a) Ante la Sala de lo Penal del Tribunal Supremo.
b) Ante el Congreso de los Diputados reunido al efecto.

c) Ante el Fiscal General del Estado.

d) Ante el Tribunal Constitucional en Pleno.

18. ¿Qué deben de contener los Estatutos de Autonomía según el artículo 147 de la Constitución?

a) La delimitación de su territorio.

b) La denominación de la Comunidad que mejor corresponda a su identidad histórica.

c) La denominación, organización y sede de las instituciones autónomas propias.

d) Todas son correctas.

19. ¿A quién se da traslado del Decreto en que se resuelva definitivamente la alteración del término municipal?

a) Al Consejo de Gobierno de la Comunidad Autónoma.

b) A la Administración del Estado.

c) Al Ayuntamiento afectado.

d) A la Diputación Provincial.

20. Son funciones públicas necesarias en todas las Corporaciones locales, cuya responsabilidad administrativa está reservada a funcionarios con habilitación de carácter estatal:

a) La de dirección, comprensiva de la fe pública y el asesoramiento legal preceptivo.

b) El control y la fiscalización interna de la gestión económico-financiera y presupuestaria, y la contabilidad, tesorería y recaudación.

c) La de informática, de aplicación de todos los sistemas informáticos necesarios para el buen funcionamiento de la Corporación.

d) Todas las respuestas son correctas.

21. ¿Quién resuelve los conflictos de competencias planteados entre diferentes Entidades Locales?

a) La Administración del Estado.

b) La Administración de la Comunidad Autónoma.

c) La Jurisdicción Contencioso-Administrativa.

d) Todas son correctas.

22. ¿Qué bienes por inexistentes, distinguen a los bienes provinciales de los municipales?

a) Los bienes de uso público.

b) Los bienes de servicio público.

c) Los bienes comunales.

d) Ninguna de las anteriores es correcta.

23. ¿Cada cuánto tiempo ha de renovarse la inscripción en el Padrón Municipal de los extranjeros no comunitarios sin autorización de residencia permanente?

a) Anualmente.
b) Cada dos años.
c) Cada tres años.
d) No necesita renovación periódica.

24. ¿Cuál de los siguientes datos no es necesario para la inscripción en el Padrón Municipal?

a) Nombre y Apellidos.
b) Sexo.
c) Profesión.
d) Certificado o título escolar o académico que se posea.

25. ¿Qué persona puede actuar en representación de otra ante las Administraciones Públicas?

a) Cualquier persona con capacidad para negociar.
b) Todo aquel que tenga capacidad de obrar.
c) Solo los mayores de edad.
d) Aquellos que determine expresamente la Administración Pública ante la cual se pretenda actuar.

26. ¿Cuáles son los Bandos que se limitan a recordar el cumplimiento de disposiciones vigentes de carácter legal, publicándose en fechas fijadas de antemano por la Ley y en todos los Municipios?

a) Bandos comunes.
b) Bandos periódicos.
c) Bandos generales.
d) Ninguna es correcta.

27. ¿Qué marca el fin de toda actuación administrativa?

a) El interés público.
b) La legalidad.
c) El interés económico de la Administración.
d) El orden público.

28. ¿Cuáles son las fuentes directas subsidiarias del Derecho Administrativo?

a) Los Tratados Internacionales y la Jurisprudencia.
b) La Costumbre y los Principios Generales del Derecho.

c) La Constitución, las Leyes Orgánicas, ordinarias y demás actos con fuerza de ley.
d) Los Decretos Leyes y Decretos Legislativos.

29. Los actos de las Administraciones Públicas sujetos al Derecho Administrativo se presumen válidos y producen efectos:

a) Desde la fecha en que se aprueben.
b) Desde la fecha en que se publiquen.
c) Desde la fecha en que se dicten.
d) Desde la fecha que ellos dispongan siempre.

30. Conforme a la clasificación doctrinal más pacífica y generalmente aceptada de los actos administrativos, se pueden distinguir, entre otros:

a) Actos definitivos y actos de trámite.
b) Actos reglados y actos discrecionales.
c) Actos singulares y actos generales.
d) Todas son correctas.

31. Señala la respuesta incorrecta. En las solicitudes que se presenten a instancia de parte para iniciar el proceso, se deberán contener, entre otros:

a) Nombre y apellidos del interesado y, en su caso, de la persona que lo represente, así como la identificación del medio preferente o del lugar que se señale a efectos de notificaciones.
b) Hechos, razones y petición en que se concrete, con toda claridad, la solicitud.
c) Lugar y fecha.
d) Órgano, centro o unidad administrativa desde la que se expide.

32. Señala la respuesta incorrecta. La terminación del procedimiento puede plasmarse a través de los siguientes cauces:

a) La resolución.
b) El desistimiento.
c) La terminación inconvencional.
d) El silencio administrativo.

33. En el procedimiento administrativo común, ¿cuándo podrán los interesados aducir alegaciones y aportar documentos u otros elementos de juicio?

a) En cualquier momento.
b) En cualquier momento del procedimiento posterior al trámite de audiencia.
c) En cualquier momento del procedimiento anterior al trámite de audiencia.
d) Únicamente cuando lo autorice el instructor del procedimiento.

34. Contra el acuerdo que declare la aplicación de la tramitación de urgencia al procedimiento:

a) No cabe recurso alguno.
b) Solo cabe recurso de reposición.

c) Solo cabe recurso de alzada.
d) Solo cabe recurso contencioso-administrativo.

35. El ejercicio de la potestad sancionadora corresponde a los órganos administrativos que la tengan expresamente atribuida, por disposición de rango:

a) Legal.
b) Reglamentario.
c) General.
d) Las respuestas a) y b) son correctas.

36. ¿Qué artículo de la Constitución Española legitima a la Administración a ejercer la potestad expropiatoria, al disponer que "nadie podrá ser privado de sus bienes y derechos sino por causa justificada de utilidad pública o interés social, mediante la correspondiente indemnización y de conformidad con lo dispuesto por las Leyes"?

a) El artículo 9.3º.
b) El artículo 121.
c) El artículo 33.2º.
d) El artículo 33.3º.

37. Se llaman procedimientos administrativos especiales a aquellos:

a) Que lo son por razón de la materia.
b) Que se rigen por normas dictadas en virtud de convenios internacionales.
c) Que no vienen regulados en la Ley de Procedimiento Administrativo.
d) Que lo son por razón de los órganos que ostentan tal potestad.

38. ¿Qué clases de licencias establece García de Enterría, con carácter general?

a) Simples y operativas.
b) Personales, reales y mixtas.
c) Regladas y discrecionales.
d) Todas son correctas.

39. La actividad que realiza la Administración Local para conseguir que los particulares ajusten obligatoriamente su conducta o su patrimonio al interés público municipal o provincial se denomina:

a) Actividad de coacción.
b) Actividad de estímulo.
c) Actividad de prestación.
d) Actividad de persuasión.

40. Una subvención concedida por una administración local, se encuadra dentro de la actividad de:

a) Prestación.
b) Coacción.

c) Fomento.
d) Policía.

41. ¿Conforme a qué principios señala el artículo 103 de la Constitución que se accede a la Función Pública?

a) Eficacia, jerarquía, descentralización y coordinación.
b) Objetividad, eficacia y oposición.
c) Mérito y capacidad.
d) Objetividad, mérito y capacidad.

42. Dentro del personal laboral, por razón de la fijeza de su vinculación a la Entidad de que se trate, se puede distinguir entre:

a) Los contratados indefinidamente y los contratados temporalmente.
b) Los contratados fijos y los indefinidos.
c) Los contratados de forma permanente y los contratados para tiempo definido.
d) Todas las respuestas son correctas.

43. El personal laboral, al margen de los reconocidos en sus respectivos Convenios Colectivos y contratos de trabajo, y de los que con carácter general a todos los empleados públicos consagra la LEBEP, tienen los derechos y deberes previstos en el TR/ET, pudiendo citarse entre los primeros los de:

a) Adopción de medidas de conflicto colectivo.
b) Ocupación efectiva.
c) Promoción y Formación Profesional en el trabajo.
d) Todas las respuestas son correctas.

44. Según la Ley Orgánica 4/2010, de 20 de mayo, del Régimen Disciplinario del Cuerpo Nacional de Policía, es una falta muy grave:

a) La violación del secreto profesional cuando perjudique el desarrollo de la labor policial, a cualquier ciudadano o a las entidades con personalidad jurídica.
b) La falta de rendimiento reiterada que ocasione un perjuicio a los ciudadanos, a las entidades con personalidad jurídica o a la eficacia de los servicios.
c) Exhibir armas sin causa justificada, así como utilizarlas en acto de servicio o fuera de él infringiendo las normas que regulan su empleo.
d) Asistir de uniforme a cualquier manifestación o reunión pública, salvo que se trate de actos de servicio, o actos oficiales en los que la asistencia de uniforme esté indicada o haya sido autorizada.

45. Por la comisión de faltas muy graves podrá imponerse la suspensión de funciones:

a) De uno a tres años.
b) Desde tres meses y un día hasta un máximo de seis años.

c) Desde seis meses y un día hasta un máximo de tres años.

d) De tres a seis años.

46. Por faltas graves podrá imponerse la sanción de suspensión de funciones:

a) Desde cinco días a tres meses.

b) De uno a tres meses.

c) De tres meses y un día hasta doce meses.

d) De un mes y un día hasta doce meses.

47. En los Municipios de gran población, el proyecto de Ordenanza fiscal se aprueba, antes de elevarlo al Pleno, por:

a) La Junta de Gobierno Local.

b) La Comisión del Gobierno.

c) El Alcalde.

d) El Presidente de la Diputación.

48. Según el Estatuto de Autonomía del País Vasco, corresponde a las Instituciones del País Vasco:

a) La vigilancia de puertos y aeropuertos.

b) El régimen general de extranjería, extradición y expulsión en su territorio.

c) El control de entrada y salida en su territorio de españoles y extranjeros.

d) El mantenimiento del orden público dentro del territorio autónomo.

49. ¿Pueden intervenir los Cuerpos y Fuerzas de Seguridad del Estado en el mantenimiento del orden público en la Comunidad Autónoma del País Vasco por propia iniciativa, no habiendo especial urgencia?

a) No, en ningún caso.

b) Solo pueden intervenir a requerimiento del Gobierno del País Vasco.

c) Sí, cuando estimen que el interés general del Estado esté gravemente comprometido, siendo necesaria la aprobación de la Junta de Seguridad.

d) Sí, siempre que lo apruebe la Junta de Seguridad.

50. ¿Pueden intervenir los Cuerpos y Fuerzas de Seguridad del Estado, en casos de especial urgencia, en el mantenimiento del orden público en la Comunidad Autónoma del País Vasco por propia iniciativa?

a) Sí, bajo la responsabilidad exclusiva del Gobierno, dando este cuenta a las Cortes Generales.

b) Sí, bajo la responsabilidad exclusiva de la Junta de Seguridad, dando esta cuenta al Gobierno.

c) Sí, a requerimiento del Gobierno del País Vasco.

d) No, en ningún caso.

51. Según el Reglamento de Bienes de las Entidades Locales, aprobado por el Real Decreto 1372/1986, de 13 de junio, es un Bien de Uso Público:

a) La Casa Consistorial (sede del Ayuntamiento).
b) El matadero municipal.
c) Una escuela municipal.
d) Una calle del municipio.

52. Según el artículo 4 del Reglamento de Bienes de las Entidades Locales, aprobado por el Real Decreto 1372/1986, de 13 de junio, es un Bien de Servicio Público:

a) Los caminos cuya conservación y policía sean de la competencia de la Entidad Local.
b) Los montes catalogados.
c) Las aguas de fuentes.
d) Los puentes cuya conservación y policía sean de la competencia de la Entidad Local.

53. Con arreglo al art. 6 del Reglamento de Bienes de las Entidades Locales, los bienes que siendo de propiedad de la Entidad Local no estén destinados a uso público ni afectados a algún servicio público y puedan constituir fuente de ingresos para el erario de la Entidad, se denominan:

a) Bienes de dominio público.
b) Bienes comunales.
c) Bienes patrimoniales.
d) Bienes pecuniarios.

54. El art. 126 de la Constitución, prevé la existencia de la Policía Judicial, que dependerá en sus funciones de averiguación del delito y descubrimiento y aseguramiento del delincuente, de los Jueces, de los Tribunales y de:

a) El Ministro de Justicia.
b) El Ministro del Interior.
c) Las Cortes Generales.
d) El Ministerio Fiscal.

55. En los términos del número 2 del art. 29 LOFCS, debe entenderse que los Cuerpos de Policía Local actuarán desarrollando funciones de policía judicial con el carácter de:

a) Colaboradores de las Fuerzas y Cuerpos de Seguridad del Estado.
b) Integrantes de las Fuerzas y Cuerpos de Seguridad del Estado.
c) Auxiliares de las Fuerzas y Cuerpos de Seguridad del Estado.
d) Supervisores de las Fuerzas y Cuerpos de Seguridad del Estado.

56. Conforme al art. 9 RD 769/87, las Unidades Orgánicas de la Policía Judicial se estructuran con arreglo a criterios de distribución territorial sobre una base:

a) Estatal.
b) Autonómica.

c) Provincial.
d) Municipal.

57. Según el art. 6 de la Ley Orgánica 4/2015, de 30 de marzo, de protección de la seguridad ciudadana, la Administración General del Estado y las demás administraciones públicas con competencias en materia de seguridad ciudadana se regirán, en sus relaciones, por los principios de cooperación y:

a) Lealtad institucional.
b) Coordinación.
c) Respeto mutuo.
d) Delegación.

58. El Documento Nacional de Identidad es obligatorio a partir de los:

a) 12 años.
b) 14 años.
c) 15 años.
d) 16 años.

59. La competencia para la expedición del pasaporte corresponde en el territorio nacional, a:

a) El Ministerio competente en materia de asuntos exteriores.
b) Los Ayuntamientos.
c) La Dirección General de la Policía.
d) Las Delegaciones del Gobierno en las comunidades autónomas.

60. La inmovilización de un vehículo durante un tiempo inferior a dos minutos, sin que el conductor pueda abandonarlo, se denomina:

a) Parada.
b) Detención.
c) Aparcamiento.
d) Estacionamiento.

61. ¿Quién preside el Consejo Superior de Tráfico, Seguridad Vial y Movilidad Sostenible?

a) El Director General de Tráfico.
b) El Secretario de Estado de Seguridad.
c) El Ministro del Interior.
d) El Director de la Guardia Civil.

62. ¿Quién preside la Comisión Permanente del Consejo Superior de Tráfico, Seguridad Vial y Movilidad Sostenible?

a) El Director General de Tráfico.
b) El General Jefe de la Agrupación de Tráfico de la Guardia Civil.

c) El Ministro del Interior.
d) El Subsecretario de Interior.

63. La edad mínima para obtener el permiso de conducción de la clase AM es de:

a) 16 años.
b) 15 años.
c) 18 años.
d) 21 años.

64. ¿Cuál es la edad mínima para conducir triciclos de motor cuya potencia máxima exceda de 15 kW?

a) 16 años.
b) 20 años.
c) 18 años.
d) 21 años.

65. ¿Qué permiso de conducción autoriza para conducir motocicletas con una potencia máxima de 35 kW y una relación potencia/peso máxima de 0,2 kW/kg y no derivadas de un vehículo con más del doble de su potencia?

a) De la clase AM.
b) De la clase A1.
c) De la clase A2.
d) Solo el de la clase B.

66. Los agentes podrán indicar que la calzada queda temporalmente cerrada al tráfico de todos los vehículos y usuarios, a partir del vehículo que porta la bandera:

a) Amarilla.
b) Roja.
c) Verde.
d) Blanca.

67. Elemento de balizamiento en forma semicilíndrica en su cara frontal, provisto de triángulos simétricamente opuestos, de material retrorreflectante, que indica el punto donde separan dos corrientes de tráfico:

a) Hito de vértice.
b) Hito de arista.
c) Semibarrera móvil.
d) Captafaros de barrera.

68. Refuerzan cualquier medida de seguridad, y no puede franquearse la línea, imaginaria o no, que las une:

a) Balizas planas.
b) Balizas rígidas.

c) Balizas desplazables.
d) Balizas cilíndricas.

69. Señala la respuesta incorrecta respecto a los servicios y actividades del transporte por carretera:

a) Los transportes públicos de mercancías por carretera tendrán en todo caso la consideración de regulares.
b) Son transportes privados aquellos que se llevan a cabo por cuenta propia, bien sea para satisfacer necesidades particulares, bien como complemento de otras actividades principales realizadas por Empresas o Establecimientos del mismo sujeto, y directamente vinculados al adecuado desarrollo de dichas actividades.
c) La determinación concreta de los transportes de carácter especial, así como el establecimiento de las condiciones específicas aplicables a cada uno de los mismos, se realizan en el RD 1211/1990.
d) En todo caso, se consideran transportes especiales el de mercancías peligrosas, productos perecederos cuyo transporte haya de ser realizado en vehículos bajo temperatura dirigida, el de personas enfermas o accidentadas y el funerario.

70. El otorgamiento de la autorización de transporte público estará condicionado a que la empresa solicitante acredite, de acuerdo con lo que reglamentariamente se determine, el cumplimiento de, entre otros, el siguiente requisito:

a) Cuando no se trate de una persona física, tener personalidad jurídica propia e independiente de la de aquellas personas que, en su caso, la integren.
b) Contar con un domicilio situado en España en el que se conserven, a disposición de los Servicios de Inspección del Transporte Terrestre, los documentos relativos a su gestión y funcionamiento que reglamentariamente se determinen.
c) Cumplir las obligaciones de carácter fiscal, laboral y social exigidas por la legislación vigente.
d) Todas las respuestas son correctas.

71. No será necesaria la previa obtención de autorización para el transporte de mercancías en vehículos cuya masa máxima autorizada no supere:

a) 3,5 toneladas.
b) 4 toneladas.
c) 5 toneladas.
d) 5,5 toneladas.

72. El Reglamento General de Vehículos se desarrolla por:

a) RD 2042/1994, de 14 de octubre.
b) RD 2344/1985, de 20 de noviembre.
c) RD 2822/1998, de 23 de diciembre.
d) RD 1/1993, de 24 de septiembre.

73. Los vehículos destinados al servicio contra incendios de los aeropuertos y helipuertos competencia del Ministerio de Transportes y Movilidad Sostenible pasarán la inspección periódica:

a) Una vez a los cinco primeros años desde su matriculación.
b) Cada año.
c) Están exentos.
d) La primera será a los dos primeros años desde su matriculación.

74. Son factores de riesgo en los accidentes de tráfico:

a) El exceso de velocidad.
b) La no utilización del casco en motocicleta.
c) El uso del cinturón de seguridad.
d) Todas las respuestas anteriores son correctas.

75. ¿Qué proporción de países cuenta con leyes generales de seguridad vial?

a) Uno de cada siete.
b) Uno de cada cuatro.
c) Uno de cada doce.
d) Uno de cada nueve.

76. En función de su naturaleza y duración, las penas se clasifican en:

a) Graves y leves.
b) Graves, menos graves y leves.
c) Muy graves, graves y leves.
d) Muy graves, graves, menos graves y leves.

77. Con carácter general la pena de prisión tendrá una duración:

a) Mínima de tres meses y máxima de veinte años.
b) Mínima de seis meses y máxima de veinte años.
c) Mínima de tres meses y máxima de veinticinco años.
d) Mínima de seis meses y máxima de veinticinco años.

78. El asesinato será castigado con pena de prisión permanente revisable cuando la víctima sea:

a) Menor de edad.
b) Menor de diecisiete años.
c) Menor de dieciséis años.
d) Ninguna respuesta es correcta.

79. El art. 148 C.P. establece que las lesiones previstas en el apartado 1 del artículo 147 podrán ser castigadas con la pena de prisión de dos a cinco años, atendiendo al resultado causado o riesgo producido, si la víctima fuere:

a) Menor de edad.
b) Menor de dieciséis años.
c) Menor de quince años.
d) Menor de catorce años.

80. Será castigado con la pena de prisión de tres meses a un año o multa de seis a 24 meses, el que dejare de pagar cualquier tipo de prestación económica en favor de su cónyuge o sus hijos, establecida en convenio judicialmente aprobado o resolución judicial, en los supuestos de separación legal, divorcio, declaración de nulidad del matrimonio, proceso de filiación, o proceso de alimentos a favor de sus hijos, durante:

a) Cinco meses consecutivos o seis meses no consecutivos.
b) Cuatro meses consecutivos o seis meses no consecutivos.
c) Tres meses consecutivos o cuatro meses no consecutivos.
d) Dos meses consecutivos o cuatro meses no consecutivos.

81. El bien jurídico protegido en el delito de allanamiento de morada es:

a) El patrimonio del sujeto pasivo.
b) La propiedad, en todo caso.
c) El honor del sujeto pasivo.
d) El derecho a la intimidad de la morada.

82. Señala uno de los tipos agravados del delito de hurto, previstos en el art. 235 C.P.:

a) Cuando se trate de cosas de primera necesidad y se cause una situación de desabastecimiento.
b) Cuando revista especial gravedad, atendiendo al valor de los efectos sustraídos, o se produjeren perjuicios de especial consideración.
c) Cuando se utilice a menores de edad para la comisión del delito.
d) Las respuestas a y b son correctas.

83. El apartado octavo del art. 235, señala un tipo agravado del delito de hurto, cuando se utilice, para la comisión del delito, a:

a) Menores de edad.
b) Menores de dieciséis años.
c) Menores de catorce años.
d) Menores de doce años.

84. El que adquiere de buena fe sellos de correos o efectos timbrados y una vez conocida su falsedad, cometerá delito castigado con la pena de prisión de tres a seis meses o multa de seis a veinticuatro meses:

a) Si lo distribuyera en cantidad superior a 400 euros.
b) Si los distribuyera en cantidad superior a 300 euros.
c) Si los usare, en cantidad superior a 300 euros.
d) Si los usare, en cantidad superior a 400 euros.

85. Los documentos, en función de su contenido, pueden clasificarse en:

a) Públicos, oficiales, privados o mercantiles.
b) Simples, compuestos o complejos.
c) Únicos, compuestos o complejos.
d) Públicos o privados.

86. Dispone el art. 533 C.P. que el funcionario penitenciario o de centros de protección o corrección de menores que impusiere a los reclusos o internos sanciones o privaciones indebidas, o usare con ellos de un rigor innecesario, será castigado con la pena de:

a) Prisión.
b) Multa.
c) Multa e inhabilitación especial.
d) Inhabilitación especial para empleo o cargo público.

87. ¿Qué artículo de la Constitución Española dispone que toda persona tiene derecho a la libertad y a la seguridad, no pudiendo nadie ser privado de su libertad, sino con la observancia de lo establecido en dicho artículo y en los casos y en la forma previstos en la ley?

a) El art. 15.
b) El art. 17.
c) El art. 21.
d) El art. 19.

88. ¿Quién gestiona el Observatorio de la Igualdad de Oportunidades entre mujeres y hombres?

a) La Subdirección General para la Igualdad de Trato y Diversidad Étnico Racial.
b) El Consejo Nacional de Igualdad de Género.
c) La Dirección General para la Igualdad de Trato y Diversidad.
d) El Instituto de las Mujeres.

89. ¿Cómo se denominan las Unidades de la Policía Nacional que prestan atención especializada y personalizada a las víctimas de violencia de género, doméstica y sexual?

a) EMUME.
b) GRUME.
c) UFAM.
d) UPAP.

90. Los extranjeros en España gozan de los derechos y libertades:

a) Que tienen los españoles.
b) Reconocidos en el Título I de la Constitución.
c) Que les reconozcan los tratados y acuerdos internacionales vigentes en España.
d) Que tengan en su país de origen.

91. La tarjeta de identidad de extranjero la obtienen:

a) Los que se tengan un visado o una autorización para permanecer en España por un período superior a seis meses.
b) Los titulares de un visado de residencia y trabajo de temporada.
c) Todos los extranjeros.
d) Los nacionales de un estado miembro de la Unión Europea.

92. La enfermedad crónica y recidivante caracterizada por la necesidad compulsiva hacia el consumo de drogas o la acción adictiva provocada por este, es:

a) El Síndrome de abstinencia.
b) La drogodependencia.
c) La Neurosis.
d) La fibromialgia.

93. La tasa de alcohol en sangre se mide:

a) En grados.
b) En centímetros/litro.
c) En gramos/litro.
d) En mililitros/gramo.

94. Para determinar la cantidad de alcohol que el ser humano puede ingerir sin que ello suponga un riesgo para la salud, se utiliza como medida:

a) La Unidad de Bebida Estándar.
b) El litro.
c) El gr/ml.
d) El l/g.

95. La fase del tratamiento dedicada a la desintoxicación propiamente dicha, se deberá llevar a cabo preferentemente:

a) En régimen de ingreso nocturno.
b) En régimen ambulatorio.
c) En régimen hospitalario.
d) En régimen de internamiento.

96. El proceso de desintoxicaciones rápidas:

a) Requiere de ingreso hospitalario durante 24 horas.
b) Es específico para los consumidores de cocaína.
c) Parten del requisito de la abstinencia de, al menos, tres días, a la sustancia.
d) Tras su finalización desparece el síndrome de abstinencia.

97. La Constitución Española encomienda a las Fuerzas y Cuerpos de Seguridad del Estado:

a) La defensa de la unidad de la Nación española.
b) Servir con objetividad los intereses generales.
c) La protección del libre ejercicio de los derechos y libertades.
d) Garantizar la estabilidad política del ejecutivo.

98. Las funciones, principios básicos de actuación y estatutos de las Fuerzas y Cuerpos de seguridad se determinan:

a) Por Ley Orgánica.
b) Reglamentariamente.
c) Por las Asambleas legislativas de las Comunidades Autónomas.
d) Por la Constitución Española.

99. Forma parte de las teorías no cognitivas que desarrollan la Metaética:

a) El Naturalismo.
b) El Intuicionismo.
c) El Descriptivismo.
d) El Emotivismo.

100. La teoría Metaética que mantiene que los enunciados éticos pueden ser confirmados o verificados de forma semejante a aquella en la que se confirman los enunciados de las ciencias empíricas es:

a) El Descriptivismo.
b) El Naturalismo.
c) El Intuicionismo.
d) El Emotivismo.

Solución al simulacro n.º 2

1. d) Las respuestas a) y b) son correctas.

2. d) Las secretas y las paramilitares.

3. c) La fuerza derogatoria de la Constitución y la inconstitucionalidad sobrevenida, reconocida por su Disposición derogatoria.

4. c) Título VIII, Capítulo Segundo.

5. c) Ninguna.

6. a) El artículo 45.

7. b) Al Presidente del Consejo de Gobierno de la Comunidad Autónoma.

8. b) La Provincia.

9. c) Un senador y otro más por cada 1.000.000 de habitantes de su respectivo territorio.

10. c) Sancionar, promulgar y publicar las Leyes.

11. d) Un mínimo de veintiún miembros.

12. b) Principio de unidad jurisdiccional.

13. d) La Sala Quinta es de lo Militar.

14. c) Jueces y Tribunales.

15. c) La Audiencia Nacional no tiene Sala de lo Civil.

16. c) Presidente, Vicepresidente o Vicepresidentes, en su caso, y Ministros.

17. a) Ante la Sala de lo Penal del Tribunal Supremo.

18. d) Todas son correctas.

19. b) A la Administración del Estado.

20. b) El control y la fiscalización interna de la gestión económico-financiera y presupuestaria, y la contabilidad, tesorería y recaudación.

21. d) Todas son correctas.

22. c) Los bienes comunales.

23. b) Cada dos años.

24. c) Profesión.

25. b) Todo aquel que tenga capacidad de obrar.

26. b) Bandos periódicos.

27. a) El interés público.

28. b) La Costumbre y los Principios Generales del Derecho.

29. c) Desde la fecha en que se dicten.

30. d) Todas son correctas.

31. d) Órgano, centro o unidad administrativa desde la que se expide.

32. c) La terminación inconvencional.

33. c) En cualquier momento del procedimiento anterior al trámite de audiencia.

34. a) No cabe recurso alguno.

35. d) Las respuestas a) y b) son correctas.

36. d) El artículo 33.3º.

37. a) Que lo son por razón de la materia.

38. d) Todas son correctas.

39. a) Actividad de coacción.

40. c) Fomento.

41. c) Mérito y capacidad.

42. a) Los contratados indefinidamente y los contratados temporalmente.

43. d) Todas las respuestas son correctas.

44. a) La violación del secreto profesional cuando perjudique el desarrollo de la labor policial, a cualquier ciudadano o a las entidades con personalidad jurídica.

45. b) Desde tres meses y un día hasta un máximo de seis años.

46. a) Desde cinco días a tres meses.

47. a) La Junta de Gobierno Local.

48. d) El mantenimiento del orden público dentro del territorio autónomo.

49. c) Sí, cuando estimen que el interés general del Estado esté gravemente comprometido, siendo necesaria la aprobación de la Junta de Seguridad.

50. a) Sí, bajo la responsabilidad exclusiva del Gobierno, dando este cuenta a las Cortes Generales.

51. d) Una calle del municipio.

52. b) Los montes catalogados.

53. c) Bienes patrimoniales.

54. d) El Ministerio Fiscal.

55. a) Colaboradores de las Fuerzas y Cuerpos de Seguridad del Estado.

56. c) Provincial.

57. a) Lealtad institucional.

58. b) 14 años.

59. c) La Dirección General de la Policía.

60. a) Parada.

61. c) El Ministro del Interior.

62. d) El Subsecretario de Interior.

63. b) 15 años.

64. d) 21 años.

65. c) De la clase A2.

66. b) Roja.

67. a) Hito de vértice.

68. d) Balizas cilíndricas.

69. a) Los transportes públicos de mercancías por carretera tendrán en todo caso la consideración de regulares.

70. d) Todas las respuestas son correctas.

71. a) 3,5 toneladas.

72. c) RD 2822/1998, de 23 de diciembre.

73. c) Están exentos.

74. d) Todas las respuestas anteriores son correctas.

75. a) Uno de cada siete.

76. b) Graves, menos graves y leves.

77. a) Mínima de tres meses y máxima de veinte años.

78. c) Menor de dieciséis años.

79. d) Menor de catorce años.

80. d) Dos meses consecutivos o cuatro meses no consecutivos.

81. d) El derecho a la intimidad de la morada.

82. d) Las respuestas a y b son correctas.

83. b) Menores de dieciséis años.

84. a) Si lo distribuyera en cantidad superior a 400 euros.

85. b) Simples, compuestos o complejos.

86. d) Inhabilitación especial para empleo o cargo público.

87. b) El art. 17.

88. d) El Instituto de las Mujeres.

89. c) UFAM.

90. b) Reconocidos en el Título I de la Constitución.

91. a) Los que se tengan un visado o una autorización para permanecer en España por un período superior a seis meses.

92. b) La drogodependencia.

93. c) En gramos/litro.

94. a) La Unidad de Bebida Estándar.

95. b) En régimen ambulatorio.

96. b) Es específico para los consumidores de cocaína.

97. c) La protección del libre ejercicio de los derechos y libertades.

98. a) Por Ley Orgánica.

99. d) El Emotivismo.

100. b) El Naturalismo.

SIMULACRO N.º 3

1. Según el artículo 1 de la Constitución Española, España se constituye en un Estado:

a) Democrático y plural.
b) Constitucional y democrático.
c) Social y democrático de Derecho.
d) Autonómico, aconfesional y monárquico.

2. ¿En qué supuestos no procede iniciar la reforma constitucional?

a) En periodo de elecciones generales.
b) En periodo de guerra, estados de alarma, excepción y sitio.
c) Durante la regencia o tutela del Rey.
d) En ninguno de los anteriores supuestos.

3. Conforme al artículo 116 de la Constitución, ¿quién declara, y por cuánto tiempo, el estado de alarma?

a) Por el Gobierno mediante Decreto acordado en Consejo de Ministros por un período máximo de treinta días.
b) Por el Gobierno mediante Decreto acordado en Consejo de Ministros por un período improrrogable de quince días.
c) Por el Gobierno mediante Decreto acordado en Consejo de Ministros por un período de quince días prorrogable.
d) Por la mayoría absoluta del Congreso de los Diputados, a propuesta exclusiva del Gobierno.

4. ¿En qué fecha se aprobó la Constitución en referéndum?

a) 27 de diciembre de 1978.
b) 31 de octubre de 1978.
c) 6 de diciembre de 1978.
d) No se aprobó por referéndum.

5. El principio de igualdad que consagra la Constitución Española en el artículo 14 afecta:

a) Exclusivamente a los españoles.
b) A todos por igual, españoles y extranjeros.

c) A españoles y extranjeros comunitarios.
d) A españoles y extranjeros documentados.

6. Los artículos de la Constitución Española de 1978 son:

a) 179.
b) 168.
c) 191.
d) Ninguna de las anteriores.

7. El Defensor del Pueblo:

a) Estará sujeto en su actuación a mandato imperativo de las Cortes.
b) Desempeñará sus funciones con dependencia de las Cortes.
c) No recibirá instrucciones de ninguna autoridad.
d) Ninguna es correcta.

8. ¿Por qué causas puede ser cesado el Defensor del Pueblo?

a) Por incapacidad sobrevenida.
b) Por actuar con notoria diligencia en el cumplimiento de las obligaciones y deberes del cargo.
c) Por haber sido condenado, mediante sentencia firme, por delito imprudente.
d) Todas son correctas.

9. Conforme al artículo 73 de la Constitución, ¿durante qué dos periodos de sesiones se reúnen anualmente las Cámaras Legislativas?

a) El primero, de septiembre a enero, y el segundo, de febrero a junio.
b) El primero, de septiembre a diciembre, y el segundo, de febrero a julio.
c) El primero, de septiembre a enero, y el segundo, de marzo a junio.
d) El primero, de septiembre a diciembre, y el segundo, de febrero a junio.

10. ¿Ante quién toma posesión de su cargo el Defensor del Pueblo?

a) Ante las Mesas de ambas Cámaras reunidas conjuntamente.
b) Ante el Presidente del Consejo General del Poder Judicial.
c) Ante el Presidente del Gobierno.
d) Ante el Rey.

11. ¿A quién corresponde la decisión sobre la inculpación, prisión, procesamiento y juicio del Defensor del Pueblo?

a) Al Juzgado al que según el reparto corresponda.
b) A las Salas de lo Penal de los Tribunales Superiores de Justicia.

c) A la Sala de lo Penal del Tribunal Supremo.
d) Al Juzgado Central de lo Penal.

12. El ámbito territorial de los Juzgados de Instrucción es:

a) La circunscripción.
b) El municipio.
c) La provincia.
d) El partido.

13. La potestad jurisdiccional implica:

a) Aplicar la ley.
b) Administrar justicia.
c) Condenar y hacer ejecutar al juzgado.
d) Juzgar y hacer ejecutar lo juzgado.

14. El ejercicio de la jurisdicción militar se reduce al ámbito:

a) Civil y militar.
b) Castrense.
c) Castrense y a los supuestos de sitio.
d) Castrense y a los supuestos de estado de sitio y excepción.

15. La característica esencial del Poder Judicial es:

a) El sometimiento al imperio de la ley.
b) La independencia.
c) La inmovilidad de Jueces y Magistrados.
d) La unidad jurisdiccional.

16. ¿Quién ejerce de Jefe Superior del Departamento Ministerial después del Ministro y siempre y cuando no exista un Secretario de Estado?

a) El Subsecretario.
b) El Secretario General Técnico.
c) El Subdirector General.
d) El Director General.

17. ¿Quiénes son los encargados de la producción normativa, asistencia jurídica y publicaciones de los Departamentos Ministeriales?

a) Los Directores Generales.
b) Los Secretarios Generales Técnicos.
c) Los Subdirectores Generales.
d) Los Secretarios Generales.

18. Señala cuál de las siguientes competencias puede ser asumida por las Comunidades Autónomas, tal y como establece el artículo 148 de la Constitución:

a) Régimen aduanero y arancelario; comercio exterior.
b) Legislación sobre propiedad intelectual e industrial.
c) Marina mercante y abanderamiento de buques, puertos de interés general e iluminación de costas.
d) Los puertos de refugio, puertos y aeropuertos deportivos.

19. ¿A qué Ministerio está adscrito el Consejo de Empadronamiento?

a) Al Ministerio de Economía, Comercio y Empresa.
b) Al Ministerio de Hacienda.
c) Al Ministerio de la Presidencia, Justicia y Relaciones con las Cortes.
d) Al Ministerio de Justicia.

20. ¿Quién elige a los Concejales de los Ayuntamientos?

a) El Alcalde.
b) El Concejo Abierto.
c) Los vecinos del Municipio mediante sufragio local, igual, libre, directo y secreto.
d) Los vecinos del Municipio mediante sufragio universal, igual, libre, directo y secreto.

21. A tenor del artículo 77 y siguientes del Reglamento de Organización, Funcionamiento y Régimen Jurídico de las Entidades Locales, las sesiones del Pleno pueden ser:

a) Ordinarias, extraordinarias y extraordinarias urgentes.
b) Ordinarias y extraordinarias.
c) Ordinarias, extraordinarias y especiales.
d) Ordinarias, extraordinarias y la sesión constitutiva de la Corporación.

22. ¿A qué principio atenderá el cumplimiento del Presupuesto General de las Entidades Locales, según dispone el art. 165 Texto Refundido de la Ley Reguladora de las Haciendas Locales (artículo 8 Real Decreto 500/90)?

a) Al principio de economía financiera.
b) Al principio de suficiencia económica.
c) Al principio de estabilidad.
d) Al principio de solidaridad.

23. ¿Qué datos pueden aportarse con carácter voluntario a la hora de inscribirse en el Padrón Municipal?

a) Número de teléfono.
b) Número de documento nacional de identidad, o en caso de extranjeros, número de la tarjeta de residencia en vigor.

c) Nacionalidad.

d) Certificado o título escolar o académico que se posea.

24. Las Entidades Locales:

a) Tienen una potestad tributaria de carácter condicional, por cuanto podrán crear tributos, una vez creados por Ley formal de las Cortes Autonómicas.

b) No tienen potestad tributaria alguna.

c) Tienen una potestad tributaria de carácter condicional, por cuanto podrán crear tributos, una vez creados por Decreto de las Cortes Autonómicas.

d) Tienen una potestad tributaria de carácter secundario, por cuanto no podrán crear tributos, sino, solo, establecerlos una vez creados por Ley formal de las Cortes Generales.

25. Señala la respuesta incorrecta respecto a la compulsa de copias:

a) El sello de compulsa se extenderá únicamente sobre la primera página por el reverso.

b) Serán compulsadas, a solicitud del interesado, las copias de la documentación que haya sido expedida por los órganos de la Administración.

c) La documentación deberá ser compulsada por el personal destinado en las oficinas que presten el servicio de registro.

d) Se compulsará la documentación ajena, tanto pública como privada, en el momento en que vaya a incorporarse a procedimientos que se inicien o tramiten en cualquier Administración Pública.

26. ¿Qué tres tipos de bandos se suelen distinguir clásicamente?

a) Periódicos, de urgencia y de necesidad.

b) De Policía y seguridad, periódicos y de urgencia.

c) De Policía y Buen Gobierno, periódicos y de urgencia.

d) De Policía y Buen Gobierno, de urgencia y de necesidad.

27. ¿Conforme a qué principios actúa la Administración Pública, según el artículo 103 de la Constitución?

a) Eficacia, jerarquía, descentralización, desconcentración y coordinación, con sometimiento pleno a la Ley y al Derecho.

b) Eficacia, jerarquía, descentralización, desconcentración y subordinación, con sometimiento pleno a la Ley y al Derecho.

c) Eficiencia, jerarquía, descentralización, desconcentración y coordinación, con sometimiento pleno a la Ley y al Derecho.

d) Eficiencia, jerarquía, descentralización, desconcentración y subordinación, con sometimiento pleno a la Ley y al Derecho.

28. Las Administraciones Públicas sirven con objetividad los intereses generales y actúan de acuerdo con los principios de:

a) Eficacia, jerarquía, descentralización, desconcentración y coordinación.

b) Igualdad, legalidad y buena fe.

c) Buena fe, confianza legítima, igualdad de trato y celeridad.
d) Todas las respuestas son correctas.

29. ¿Qué elementos se pueden distinguir en las relaciones jurídicas administrativas?

a) Elemento subjetivo, el objeto, el contenido y la causa.
b) Elemento subjetivo, el objeto, el continente y la causa.
c) Elemento temporal, elemento subjetivo, el objeto, el contenido y la causa.
d) Todas son correctas.

30. Según que provengan de un solo órgano administrativo o de dos o más órganos administrativos, podemos distinguir entre:

a) Actos singulares y actos generales.
b) Actos constitutivos y actos declarativos.
c) Actos simples y actos complejos.
d) Actos singulares y actos compuestos.

31. La doctrina científica distingue en el acto administrativo tres tipos de elementos:

a) Subjetivo, objetivo y funcional.
b) Territorial, funcional y jerárquico.
c) Subjetivo, objetivo y formal.
d) Contenido, causa y procedimiento.

32. La Administración, salvo precepto en contrario, podrá conceder de oficio o a petición de los interesados, una ampliación de los plazos establecidos:

a) Cuando no exceda de un tercio de los mismos, si las circunstancias lo aconsejan y con ello no se perjudican derechos de tercero.
b) Cuando no exceda de la mitad de los mismos, si las circunstancias lo aconsejan y con ello no se perjudican derechos de tercero. Además el acuerdo de ampliación deberá ser notificado a los interesados.
c) Cuando no exceda de un quinto de los mismos, si las circunstancias lo aconsejan y con ello no se perjudican derechos de tercero.
d) En ningún caso se podrá acordar la ampliación de plazos.

33. Tanto la caducidad, como el desistimiento y la renuncia, solo son posibles:

a) En los procedimientos incoados a instancia de los particulares.
b) En los iniciados de oficio por la propia Administración.
c) En los iniciados de oficio por la unidad administrativa.
d) a) y c) son correctas.

34. ¿Qué plazo señala la Ley del Procedimiento Administrativo Común de las Administraciones Públicas para que se cursen todas las notificaciones desde la fecha que el acto haya sido dictado?

a) Siete días hábiles.
b) Siete días naturales.
c) Diez días.
d) Treinta días.

35. Son procedimientos especiales:

a) Los de aplicación en materia aduanera en el ámbito interno de la Unión Europea.
b) Los de menores.
c) Los relacionados con la Casa Real.
d) Los de imposición de sanciones en materia de tráfico.

36. Los principios de la potestad sancionadora se regulan en:

a) La Ley de Procedimiento Administrativo Común de las Administraciones Públicas.
b) El Reglamento del procedimiento para el ejercicio de la potestad sancionadora.
c) La Ley de Régimen Jurídico del Sector Público.
d) La Ley de Régimen Jurídico de las Administraciones Públicas y del Procedimiento Administrativo Común.

37. La potestad sancionadora de las Administraciones Públicas prevista en la Ley de Régimen Jurídico del Sector Público:

a) No es aplicable respecto de quienes estén vinculados a ellas por relaciones reguladas por la legislación de contratos del sector público.
b) Solo podrá ser ejercida cuando haya sido expresamente reconocida por una norma con rango de Ley o reglamentaria.
c) Corresponde a cualquier órgano administrativo cuyas resoluciones agoten la vía administrativa.
d) No es extensible a la potestad disciplinaria respecto del personal a su servicio.

38. La intervención de los Ayuntamientos encaminada a asegurar el abasto de los artículos de consumo de primera necesidad, es una actividad:

a) De prestación.
b) De policía.
c) No reconocida legalmente a las entidades locales.
d) De fomento.

39. No constituye un medio reconocido para el ejercicio de la intervención de las Corporaciones Locales en la actividad de sus administrados:

a) El sometimiento a licencia.
b) El dictado de Reglamentos.

c) El sometimiento a comunicación previa o declaración responsable.

d) El dictado de Ordenanzas y bandos.

40. El documento suscrito por un interesado en el que este manifiesta, bajo su responsabilidad, que cumple con los requisitos establecidos en la normativa vigente para obtener el reconocimiento de un derecho o facultad para su ejercicio es la:

a) Autorización.

b) Licencia.

c) Declaración responsable.

d) Comunicación.

41. ¿Cómo se denomina al personal que es el que, en virtud de nombramiento y con carácter no permanente, solo realiza funciones expresamente calificadas como de confianza o asesoramiento especial, siendo retribuido con cargo a los créditos presupuestarios consignados para este fin?

a) Personal laboral.

b) Personal eventual.

c) Funcionarios de carrera.

d) Ninguna es correcta.

42. Los empleados públicos tienen los siguientes derechos individuales que se ejercen de forma colectiva:

a) Al ejercicio de la huelga, con la garantía del mantenimiento de los servicios esenciales de la comunidad.

b) Al de reunión.

c) A la libertad sindical.

d) Todas las respuestas son correctas.

43. Funcionarios interinos, son los que, por razones expresamente justificadas de necesidad y urgencia, son nombrados como tales para el desempeño de funciones propias de funcionarios de carrera cuando se dé alguna de las siguientes circunstancias:

a) La sustitución transitoria de los titulares.

b) La existencia de plazas vacantes cuando no sea posible su cobertura por funcionarios de carrera.

c) La ejecución de programas de carácter temporal.

d) Todas las respuestas son correctas.

44. Los funcionarios de los cuerpos policiales sancionados con traslado forzoso no podrán obtener un nuevo destino por ningún procedimiento en el centro, unidad o plantilla de la que fueron trasladados, en el período de:

a) Uno a cinco años.

b) Seis meses a cuatro años.

c) Uno a tres años.
d) Seis meses a cinco años.

45. Según el artículo 15 de la Ley Orgánica 4/2010, de 20 de mayo, del Régimen Disciplinario del Cuerpo Nacional de Policía, las faltas muy graves prescriben:

a) Al año.
b) A los dos años.
c) A los tres años.
d) A los cinco años.

46. Según el artículo 15 de la Ley Orgánica 4/2010, de 20 de mayo, del Régimen Disciplinario del Cuerpo Nacional de Policía, las faltas graves prescriben:

a) Al año.
b) A los dos años.
c) A los tres años.
d) A los cuatro años.

47. Las aprobaciones y modificaciones de las Ordenanzas Fiscales se someterán a información pública y audiencia de los interesados mediante exposición pública en el Tablón de Anuncios de la Entidad:

a) Por el plazo máximo de treinta días.
b) Por el plazo máximo de quince días.
c) Por el plazo mínimo de quince días.
d) Por el plazo mínimo de treinta días.

48. El servicio de la Ertzaintza en el territorio histórico de Gipuzkoa se denomina:

a) Sección de Miñones.
b) Sección de Forales.
c) Sección de Mikeletes.
d) Sección de Miñoletes.

49. La Junta de Seguridad coordinadora de las políticas de seguridad y de la actividad de los cuerpos policiales del Estado y de Cataluña, está presidida por:

a) El Ministro del Interior.
b) El Conseller d`Interior.
c) El Presidente de la Generalit.
d) El Delegado del Gobierno en Cataluña.

50. ¿En qué año se creó la actual Policía autonómica de la Generalitat de Cataluña?

a) 1979.
b) 1981.

c) 1983.
d) 1985.

51. Según el artículo 7 de la Ley de Seguridad Vial, se atribuye a los municipios la competencia, en cuanto al tráfico en las vías urbanas de su titularidad, de regulación, ordenación, gestión, vigilancia y:

a) Disciplina.
b) Contratación.
c) Protección.
d) Control.

52. Pueden los municipios, en virtud del artículo 7 de la Ley de Seguridad Vial, proceder a la retirada de vehículos y su posterior depósito:

a) Solo en las vías urbanas.
b) Solo cuando dichos vehículos obstaculicen, dificulten o supongan un peligro para la circulación.
c) Sí, cuando obstaculicen, dificulten o supongan un peligro para la circulación, o se encuentren incorrectamente aparcados en las zonas de estacionamiento restringido.
d) Solo cuando están abandonados, dificultan la circulación o dañan el mobiliario urbano.

53. Corresponde a los municipios, en virtud del artículo 7 de la Ley de Seguridad Vial, la autorización de pruebas deportivas:

a) Sí, cuando discurran íntegra y exclusivamente por cualquiera de las vías del casco urbano.
b) No, dicha competencia corresponde a la Delegación del Gobierno.
c) Sí, cuando discurran por cualquiera de las vías y caminos del término municipal.
d) Sí, cuando discurran íntegra y exclusivamente por cualquiera de las vías del casco urbano, exceptuadas las travesías.

54. El Ministerio del Interior podrá asignar con carácter permanente y estable a los Juzgados y Tribunales que por su ritmo de actividades lo requieran Unidades de Policía Judicial especialmente adscritas a los mismos, previo informe favorable o a propuesta de:

a) El Tribunal Supremo.
b) El Tribunal Superior de Justicia.
c) El Consejo General del Poder Judicial.
d) El Ministerio Fiscal.

55. Orgánicamente, las Unidades Orgánicas de la Policía Judicial dependen de:

a) El Ministerio Fiscal.
b) El Ministerio del Interior.
c) El Tribunal Superior de Justicia de la Comunidad Autónoma.
d) El Ministerio de Justicia.

56. Según el artículo 34.2 de la LOFCS, en las diligencias o actuaciones que lleven a cabo por encargo y bajo la supervisión de los Jueces, Tribunales o Fiscales competentes, los funcionarios integrantes de las Unidades Orgánicas de la Policía Judicial tendrán con respecto a aquellos el carácter de:

a) Comisionados.
b) Representantes.
c) Delegados.
d) Sustitutos.

57. Cuando no fuera posible la identificación por cualquier medio, incluida la vía telemática o telefónica, o si la persona se negase a identificarse, los agentes, para impedir la comisión de un delito o al objeto de sancionar una infracción, podrán requerir a quienes no pudieran ser identificados a que les acompañen a las dependencias policiales más próximas en las que se disponga de los medios adecuados para la práctica de esta diligencia, a los solos efectos de su identificación y por el tiempo estrictamente necesario, que en ningún caso podrá superar:

a) Las dos horas.
b) Las cuatro horas.
c) Las seis horas.
d) Las ocho horas.

58. La intervención de armas, explosivos, cartuchería y artículos pirotécnicos corresponde al Ministerio del Interior, que la ejerce a través de:

a) La Dirección General de la Policía.
b) La Policía Judicial.
c) La Policía local.
d) La Dirección General de la Guardia Civil.

59. Según el artículo 30.2 de la Ley Orgánica 4/2015, de 30 de marzo, de protección de la seguridad ciudadana, estarán exentos de responsabilidad por las infracciones cometidas los menores de:

a) 18 años.
b) 16 años.
c) 14 años.
d) 12 años.

60. ¿Cuál es el órgano de cooperación entre la Administración General del Estado y las administraciones de las Comunidades Autónomas que hayan asumido, competencias para la protección de personas y bienes y el mantenimiento del orden público y que hayan recibido el traspaso de funciones y servicios en materia de tráfico y circulación de vehículos a motor?

a) La Comisión Permanente del Consejo Superior de Tráfico, Seguridad Vial y Movilidad Sostenible.
b) La Comisión Autonómica de Seguridad Vial.

c) El Consejo Nacional de Tráfico y Seguridad Vial.
d) La Conferencia Sectorial de Tráfico, Seguridad Vial y Movilidad Sostenible.

61. Está prohibido circular con menores de doce años como pasajeros de ciclomotores o motocicletas, con o sin sidecar, por cualquier clase de vía. Excepcionalmente, se permite esta circulación, siempre que los conductores sean el padre, la madre, el tutor o persona mayor de edad autorizada por ellos, utilicen casco homologado y se cumplan las condiciones específicas de seguridad establecidas reglamentariamente, a partir de:

a) Los 7 años.
b) Los 8 años.
c) Los 9 años.
d) Los 10 años.

62. No puede circular por las vías objeto de la Ley sobre Tráfico, Circulación de Vehículos a Motor y Seguridad Vial, el conductor de cualquier vehículo con tasas de alcohol en sangre superiores a (a partir de):

a) 0,15 gramos por litro.
b) 0,30 gramos por litro.
c) 0,5 gramos por litro.
d) 0,25 gramos por litro.

63. El permiso de conducción de la clase B autoriza para conducir automóviles cuya masa máxima autorizada no exceda de:

a) 3.500 kg.
b) 4.250 kg.
c) 5.000 kg.
d) 750 kg.

64. ¿Qué permiso de circulación autoriza para conducir automóviles diseñados y construidos para el transporte de no más de dieciséis pasajeros además del conductor y cuya longitud máxima no exceda de ocho metros?

a) A2.
b) B.
c) C+E
d) D1.

65. ¿Cuál es la edad mínima para la obtención del permiso de conducción de la clase D + E?

a) 18 años.
b) 20 años.

c) 21 años.
d) 24 años.

66. Indican el borde de la calzada, los límites de obras de fábrica u otros obstáculos en la vía:

a) Balizas planas.
b) Balizas rígidas.
c) Balizas desplazables.
d) Balizas cilíndricas.

67. Una flecha verde que se ilumina sobre un fondo circular negro, significa que:

a) No cambia el significado de dichas luces, pero lo limita exclusivamente al movimiento indicado por la flecha.
b) Obliga a los conductores a extremar la precaución y, en su caso, ceder el paso.
c) Los vehículos pueden tomar la dirección y sentido indicados por aquella, cualquiera que sea la luz que esté simultáneamente encendida en el mismo semáforo o en otro contiguo.
d) Está permitido el paso, excepto en la situación en la que, debido a la circulación, previsiblemente pueda quedar detenido en una intersección o paso de peatones.

68. Las señales de advertencia de peligro P-1 indican:

a) Peligro por la proximidad de una intersección aislada o tramo con la circulación regulada por semáforos.
b) Peligro por la proximidad de una intersección con una vía, cuyos usuarios deben ceder el paso.
c) Peligro por la proximidad de un paso a nivel provisto de barreras o semibarreras.
d) Peligro por la proximidad de una curva peligrosa.

69. ¿Cuál es el instrumento de protección y defensa de las partes intervinientes en el transporte?

a) Las Juntas de Mediación del Transporte.
b) La Comisión de Dialogo y Mediación del Transporte.
c) Las Juntas Arbitrales del Transporte.
d) Los Comités de Arbitraje de Transportes.

70. En las Juntas Arbitrales de Transportes se decidirán las controversias surgidas en relación con el cumplimiento de los contratos de transporte terrestre y de las actividades auxiliares y complementarias del transporte por carretera que sean sometidas a su conocimiento, presumiéndose que existe acuerdo de sometimiento al arbitraje de las Juntas siempre que la cuantía de la controversia no exceda de:

a) 6.000 euros.
b) 10.000 euros.

c) 12.000 euros.

d) 15.000 euros.

71. De conformidad con lo dispuesto en la reglamentación de la Unión Europea por la que se establecen normas comunes relativas a las condiciones que han de cumplirse para el ejercicio de la profesión de transportista por carretera, a fin de cumplir el requisito de capacidad financiera, la empresa deberá disponer, al menos, de capital y reservas, cuando se utilice un solo vehículo, por un importe mínimo de:

a) 5.000 euros.

b) 6.000 euros.

c) 9.000 euros.

d) 12.000 euros.

72. Indica cuáles de las siguientes inspecciones no serán llevadas a cabo por personal de la Administración o por entidades autorizadas:

a) Inspecciones previas a la matriculación de vehículos.

b) Inspecciones y pesajes voluntarios solicitadas por los titulares de los vehículos.

c) Inspecciones previas al cambio de destino del vehículo, según la reglamentación vigente.

d) Inspecciones previas para la calificación de idoneidad de vehículos destinados al transporte escolar y de menores.

73. Los vehículos de tres ruedas exentos de someterse a la inspección técnica periódica dentro de:

a) Dos años desde su matriculación.

b) Tres años desde su matriculación.

c) Cuatro años desde su matriculación.

d) Cinco años desde su matriculación.

74. Los accidentes de tráfico son:

a) La cuarta causa de mortalidad en el mundo.

b) La novena causa de mortalidad en el mundo.

c) La quinta causa de mortalidad en el mundo.

d) La décima causa de mortalidad en el mundo.

75. El porcentaje de jóvenes entre 15 y 44 años que fallece por accidente de tráfico es del:

a) 25 %.

b) 40 %.

c) 50 %.
d) 70 %.

76. La pena de multa se impondrá, salvo que la Ley disponga otra cosa, por el sistema de días-multa. La cuota diaria:

a) Tendrá un mínimo de dos y un máximo de 300 euros.
b) Tendrá un mínimo de cinco y un máximo de 500 euros.
c) Tendrá un mínimo de tres y un máximo de 600 euros.
d) Tendrá un mínimo de dos y un máximo de 400 euros.

77. Cuando sea razonable esperar que la ejecución de la pena no sea necesaria para evitar la comisión futura por el penado de nuevos delitos, los jueces o tribunales, mediante resolución motivada, podrán dejar en suspenso la ejecución de las penas privativas de libertad no superiores a:

a) Dos años.
b) Treinta y seis meses.
c) Cuatro años.
d) Cinco años.

78. El particular que encerrare o detuviere a otro, privándole de su libertad, será castigado con la pena de prisión de cuatro a seis años. El art. 163.2 C.P. establece que se impondrá la pena inferior en grado si el culpable diera libertad al encerrado o detenido sin haber logrado el objeto que se había propuesto, dentro de:

a) Las primeras veinticuatro horas desde su detención.
b) Las primeras cuarenta y ocho horas desde su detención.
c) Los tres primeros días de su detención.
d) La primera semana de su detención.

79. El bien jurídico protegido en el delito de homicidio es:

a) La vida humana independiente.
b) La vida.
c) La vida y la integridad física.
d) El ser humano.

80. Cualifica, agravando la pena, el delito de allanamiento de morada de las personas físicas:

a) La entrada en la morada ajena con armas.
b) La permanencia en el domicilio ajeno.
c) Ejecutar el hecho con violencia o intimidación.
d) Ser el sujeto pasivo una persona especialmente vulnerable.

81. La acción o expresión que lesionan la dignidad de otra persona, menoscabando su fama o atentando contra su propia estimación, se denomina:

a) Injuria.
b) Vejación.
c) Calumnia.
d) Infundio.

82. A tenor del art. 239 del C.P. las ganzúas u otros instrumentos análogos, se considerarán:

a) Llaves falsas.
b) Llaves ilegítimas.
c) Llaves legales a todos los efectos.
d) Instrumentos del delito.

83. El que, con ánimo de lucro, obligare a otro, con violencia o intimidación, a realizar u omitir un acto o negocio jurídico en perjuicio de su patrimonio o del de un tercero, está llevando a cabo un delito de:

a) Coacción.
b) Amenazas.
c) Secuestro.
d) Extorsión.

84. La autoridad o funcionario público que, en el ejercicio de sus funciones practica una falsedad comete delito:

a) Es necesario que como consecuencia de la falsedad se causa un perjuicio a la causa pública.
b) Si lo hace alterando un documento en sus elementos esenciales.
c) Si lo hace en un documento de cualquier forma, con tal de que lo altere.
d) Ninguna respuesta es correcta.

85. Por su contenido, un Documento Nacional de Identidad o un Permiso de Conducir, se clasificaría como un documento:

a) Complejo.
b) Simple.
c) Compuesto.
d) Oficial.

86. ¿En qué artículo de la Carta Magna se establece el límite genérico de la inviolabilidad del domicilio en la concurrencia de una autorización judicial que autorice la entrada al mismo?

a) En el art. 18.2.
b) En el art. 19.1.
c) En el art. 21.1.
d) En el art. 20.1.

87. Los que agredieren o, con intimidación grave o violencia, opusieren resistencia grave a la autoridad, a sus agentes o funcionarios públicos, o los acometieren, cuando se hallen en el ejercicio de las funciones de sus cargos o con ocasión de ellas, cometerán un delito de:

a) Sedición.
b) Atentado.
c) Terrorismo.
d) Coacciones.

88. Los Grupos de Menores, se encuentran incardinados en las Brigadas Provinciales de:

a) Seguridad Ciudadana.
b) Policía Científica.
c) Extranjería y Fronteras.
d) Policía Judicial.

89. En los casos en que la instrucción o conocimiento corresponda al Juez de Violencia sobre la Mujer, la competencia territorial vendrá determinada por:

a) El lugar de la comisión de los hechos.
b) El lugar donde se haya formulado la denuncia.
c) El lugar donde se haya detenido al presunto autor de los hechos.
d) El lugar del domicilio de la víctima.

90. Los extranjeros tienen derecho de sufragio en España:

a) En ningún caso.
b) Solo en los comicios municipales.
c) En las mismas condiciones que los españoles.
d) Solo si se encuentran trabajando y sujetos al pago de impuestos.

91. Las leyes en materia de extranjería reconocen el derecho de acceso de los extranjeros a la educación básica, libre y obligatoria:

a) Conforme se establezca en los tratados internacionales.
b) A los menores de 16 años.
c) A los menores de 18 años.
d) A los menores según la edad legal determinada en su país de origen.

92. Cuando el uso de drogas produce consecuencias negativas sobre el consumidor y/o sobre su entorno, hablamos de un consumo:

a) Episódico.
b) Ocasional.

c) Experimental.
d) Abusivo.

93. ¿Con qué tasa de alcohol en sangre podemos hablar de embriaguez neta con posible efecto narcótico y de confusión?

a) 0,8-1,5.
b) 0,3-0,5.
c) 1,5 a 2,5.
d) 0,5-0,8.

94. La unidad de bebida en España equivale a:

a) 8 gramos de alcohol neto.
b) 0,8 g/l.
c) 10 gramos de alcohol puro
d) 1 litro.

95. La fase cuyo objetivo es la desaparición del "deseo" de consumir droga se llama:

a) Desintoxicación.
b) Independencia.
c) Reinserción.
d) Deshabituación.

96. La fase de reinserción es llevada a cabo por:

a) El médico.
b) El terapeuta.
c) El trabajador social.
d) El psicólogo.

97. La competencia sobre la seguridad ciudadana corresponde:

a) Al Estado exclusivamente.
b) A las Comunidades Autónomas conforme a lo dispuesto en sus respectivos Estatutos.
c) Al Estado la normativa básica y a las Comunidades Autónomas el desarrollo de la misma.
d) A las Corporaciones locales en los municipios de gran población, y al estado en el resto.

98. Las competencias de coordinación de las Policías Locales está atribuida:

a) A las Corporaciones locales.
b) Al Gobierno de la nación.
c) Al Estado.
d) A las Comunidades Autónomas.

99. La corriente Metaética no cognoscitiva que defiende que los enunciados éticos expresan mandatos, pero de tal índole que en el fondo permiten adoptar criterios de discusión sobre las argumentaciones morales, es:

a) El Descriptivismo.
b) El Prescriptivismo.
c) El Emotivismo.
d) El Descriptivismo.

100. Indica cuál de los siguientes principios de la deontología policial no se encuentra entre los nueve propuestos en 1829 por Sir Robert Peel en el London Metropolitan Police Act:

a) La fidelidad al cuerpo, evitando enjuiciar la labor de los compañeros.

b) Prevenir el delito y el desorden, antes que reprimirlos por la fuerza militar y por la severidad de las penas previstas por la ley.

c) Mantener siempre con la ciudadanía las relaciones que permitan concretar la tradición histórica según la cual la Policía son los ciudadanos y estos son la Policía.

d) No perder nunca de vista que el criterio de la eficacia de la Policía es la ausencia de crimen y de desorden y no la manifestación visible de la acción de la Policía para conseguir estos resultados.

Solución al simulacro n.º 3

1. c) Social y democrático de Derecho.

2. b) En periodo de guerra, estados de alarma, excepción y sitio.

3. c) Por el Gobierno mediante Decreto acordado en Consejo de Ministros por un período de quince días prorrogable.

4. c) 6 de diciembre de 1978.

5. a) Exclusivamente a los españoles.

6. d) Ninguna de las anteriores.

7. c) No recibirá instrucciones de ninguna autoridad.

8. a) Por incapacidad sobrevenida.

9. d) El primero, de septiembre a diciembre, y el segundo, de febrero a junio.

10. a) Ante las Mesas de ambas Cámaras reunidas conjuntamente.

11. c) A la Sala de lo Penal del Tribunal Supremo.

12. d) El partido.

13. d) Juzgar y hacer ejecutar lo juzgado.

14. c) Castrense y a los supuestos de sitio.

15. b) La independencia.

16. a) El Subsecretario.

17. b) Los Secretarios Generales Técnicos.

18. d) Los puertos de refugio, puertos y aeropuertos deportivos.

19. a) Al Ministerio de Economía, Comercio y Empresa.

20. d) Los vecinos del Municipio mediante sufragio universal, igual, libre, directo y secreto.

21. a) Ordinarias, extraordinarias y extraordinarias urgentes.

22. c) Al principio de estabilidad.

23. a) Número de teléfono.

24. d) Tienen una potestad tributaria de carácter secundario, por cuanto no podrán crear tributos, sino, solo, establecerlos una vez creados por Ley formal de las Cortes Generales.

25. a) El sello de compulsa se extenderá únicamente sobre la primera página por el reverso.

26. c) De Policía y Buen Gobierno, periódicos y de urgencia.

27. a) Eficacia, jerarquía, descentralización, desconcentración y coordinación, con sometimiento pleno a la Ley y al Derecho.

28. a) Eficacia, jerarquía, descentralización, desconcentración y coordinación.

29. a) Elemento subjetivo, el objeto, el contenido y la causa.

30. c) Actos simples y actos complejos.

31. c) Subjetivo, objetivo y formal.

32. b) Cuando no exceda de la mitad de los mismos, si las circunstancias lo aconsejan y con ello no se perjudican derechos de tercero. Además el acuerdo de ampliación deberá ser notificado a los interesados.

33. a) En los procedimientos incoados a instancia de los particulares.

34. c) Diez días.

35. d) Los de imposición de sanciones en materia de tráfico.

36. c) La Ley de Régimen Jurídico del Sector Público.

37. a) No es aplicable respecto de quienes estén vinculados a ellas por relaciones reguladas por la legislación de contratos del sector público.

38. b) De policía.

39. b) El dictado de Reglamentos.

40. c) Declaración responsable.

41. b) Personal eventual.

42. d) Todas las respuestas son correctas.

43. d) Todas las respuestas son correctas.

44. c) Uno a tres años.

45. c) A los tres años.

46. b) A los dos años.

47. d) Por el plazo mínimo de treinta días.

48. c) Sección de Mikeletes.

49. c) El Presidente de la Generalitat.

50. c) 1983.

51. a) Disciplina.

52. c) Sí, cuando obstaculicen, dificulten o supongan un peligro para la circulación, o se encuentren incorrectamente aparcados en las zonas de estacionamiento restringido.

53. d) Sí, cuando discurran íntegra y exclusivamente por cualquiera de las vías del casco urbano, exceptuadas las travesías.

54. c) El Consejo General del Poder Judicial.

55. b) El Ministerio del Interior.

56. a) Comisionados.

57. c) Las seis horas.

58. d) La Dirección General de la Guardia Civil.

59. c) 14 años.

60. d) La Conferencia Sectorial de Tráfico, Seguridad Vial y Movilidad Sostenible.

61. a) Los 7 años.

62. c) 0,5 gramos por litro.

63. a) 3.500 kg.

64. d) D1.

65. d) 24 años.

66. a) Balizas planas.

67. c) Los vehículos pueden tomar la dirección y sentido indicados por aquella, cualquiera que sea la luz que esté simultáneamente encendida en el mismo semáforo o en otro contiguo.

68. b) Peligro por la proximidad de una intersección con una vía, cuyos usuarios deben ceder el paso.

69. c) Las Juntas Arbitrales del Transporte.

70. d) 15.000 euros.

71. c) 9.000 euros.

72. b) Inspecciones y pesajes voluntarios solicitadas por los titulares de los vehículos.

73. c) Cuatro años desde su matriculación.

74. b) La novena causa de mortalidad en el mundo.

75. c) 50 %.

76. d) Tendrá un mínimo de dos y un máximo de 400 euros.

77. a) Dos años.

78. c) Los tres primeros días de su detención.

79. a) La vida humana independiente.

80. c) Ejecutar el hecho con violencia o intimidación.

81. a) Injuria.

82. a) Llaves falsas.

83. d) Extorsión.

84. b) Si lo hace alterando un documento en sus elementos esenciales.

85. c) Compuesto.

86. a) En el art. 18.2.

87. b) Atentado.

88. d) Policía Judicial.

89. d) El lugar del domicilio de la víctima.

90. b) Solo en los comicios municipales.

91. b) A los menores de 16 años.

92. d) Abusivo.

93. c) 1,5 a 2,5.

94. c) 10 gramos de alcohol puro.

95. d) Deshabituación.

96. c) El trabajador social.

97. a) Al Estado exclusivamente.

98. d) A las Comunidades Autónomas.

99. b) El Prescriptivismo.

100. a) La fidelidad al cuerpo, evitando enjuiciar la labor de los compañeros.

SIMULACRO N.º 4

1. La prohibición de las torturas y penas o tratos inhumanos o degradantes viene recogida en:

a) Solo en el Código Penal.
b) En el artículo 17 de la Constitución Española.
c) En el artículo 15 de la Constitución Española.
d) En el artículo 17 de la Constitución Española y en el Código Penal.

2. ¿Cuáles son los valores superiores del ordenamiento jurídico?

a) Seguridad, legalidad, jerarquía normativa y pluralismo político.
b) Libertad, justicia, igualdad y pluralismo político.
c) Libertad, justicia, responsabilidad y legalidad.
d) Libertad, justicia, igualdad y legalidad.

3. ¿Qué título de la Constitución trata de la Organización Territorial del Estado?

a) El Título noveno.
b) El Título octavo.
c) El Título sexto.
d) El Título décimo.

4. Las limitaciones respecto a la inviolabilidad del domicilio contempladas en el artículo 18 de la Constitución son:

a) Resolución judicial y consentimiento del titular.
b) Flagrante delito y resolución judicial.
c) Resolución judicial, flagrante delito y consentimiento del titular.
d) Urgente necesidad, legalidad y resolución judicial.

5. La Constitución Española tiene las siguientes disposiciones adicionales:

a) 4.
b) 5.
c) 6.
d) 9.

6. ¿De entre quiénes son nombrados los miembros del Tribunal Constitucional?

a) De entre Funcionarios Públicos y Abogados.
b) De entre Magistrados y Fiscales.
c) De entre Profesores de Universidad.
d) Todas son correctas.

7. Con arreglo a los artículos 19 a 28 Ley Orgánica del Tribunal de Cuentas, los órganos de éste son:

a) Presidente, Vicepresidente, Pleno, Comisión de Gobierno, Sección de Fiscalización, Sección de Enjuiciamiento, Consejeros de Cuentas, Fiscalía y Secretaría General.
b) Presidente, Pleno, Comisión de Gobierno, Sección de Fiscalización, Sección de Enjuiciamiento, Consejeros de Cuentas, Fiscalía y Secretaría General.
c) Presidente, Vicepresidente, Pleno, Comisión de Gobierno, Sección de Fiscalización, Sección de Enjuiciamiento, Consejeros de Cuentas y Secretaría General.
d) Todas son incorrectas.

8. ¿Quién es el Alto Comisionado de las Cortes Generales?

a) El Presidente del Gobierno.
b) El Presidente del Consejo General del Poder Judicial.
c) El Defensor del Pueblo.
d) El Rey de España.

9. ¿Quién decreta la disolución de las Cámaras en virtud del artículo 115 de la Constitución?

a) El Presidente del Gobierno, previa deliberación con el Consejo de Ministros.
b) El Consejo de Ministros en Pleno extraordinario.
c) El Rey.
d) El Gobierno, previa autorización del Congreso de los Diputados.

10. ¿Cuál es la Cámara de representación territorial?

a) El Congreso de los Diputados.
b) El Senado.
c) La Cámara de Comercio.
d) La Diputación Permanente.

11. ¿Cuánto tiempo ha de transcurrir como norma general para disolver las Cámaras desde la anterior disolución?

a) Seis meses.
b) Un año.

c) Dos meses.
d) Quince días.

12. Del recurso de casación conoce:

a) La Audiencia Provincial.
b) El Tribunal Superior de Justicia.
c) La Audiencia Nacional.
d) El Tribunal Supremo.

13. El ejercicio de la jurisdicción militar se reduce al ámbito:

a) Castrense.
b) Castrense y a los supuestos de estado de sitio.
c) Castrense y a los supuestos de estado de sitio y excepción.
d) Civil y militar.

14. El ámbito territorial de los Juzgados de Instrucción es:

a) La provincia.
b) El municipio.
c) El partido.
d) La circunscripción.

15. ¿Tiene competencias de orden civil la Audiencia Provincial?

a) Sí.
b) No.
c) Sí, después de la promulgación de la LOPJ.
d) Todas son falsas.

16. ¿Quiénes son los Órganos Directivos de la Administración Central del Estado?

a) Los Ministros y los Secretarios de Estado.
b) Los Secretarios de Estado, Subsecretarios y Secretarios Generales.
c) Los Subsecretarios, Secretarios Generales, Secretarios Generales Técnicos, Directores Generales y Subdirectores Generales Técnicos.
d) Los Subsecretarios, Secretarios Generales, Secretarios Generales Técnicos, Directores Generales y Subdirectores Generales.

17. ¿Qué tres principios configuran el funcionamiento del Gobierno según la Exposición de Motivos de la Ley del Gobierno?

a) Principio de dirección presidencial, principio de colegialidad y principio de confidencialidad.
b) Principio de dirección presidencial, principio de colegialidad y principio departamental.

c) Principio de colegialidad, principio de responsabilidad solidaria y principio de eficiencia.
d) Principio departamental, principio de dirección presidencial y principio de solidaridad.

18. ¿Quién controla la actividad de los órganos de las Comunidades Autónomas?

a) El Tribunal Constitucional en lo relativo a la constitucionalidad de sus disposiciones normativas con fuerza de Ley.
b) El Tribunal de Cuentas en lo relativo a lo económico y presupuestario.
c) La Jurisdicción contencioso-administrativa en lo referente a la Administración autónoma y sus normas reglamentarias.
d) Todas son correctas.

19. ¿Cuál de los siguientes es un Impuesto obligatorio para los Ayuntamientos?

a) Impuesto Municipal sobre la Radicación.
b) Impuesto Municipal sobre Fincas.
c) Impuesto sobre Vehículos de Tracción Mecánica.
d) Impuesto de Circulación de Vehículos.

20. ¿De cuántos vocales se compone el Consejo de Empadronamiento?

a) De diez.
b) De trece.
c) De doce.
d) Ninguna es correcta.

21. ¿Cuál es el tratamiento que hay que dar al Presidente de la Diputación Provincial de Barcelona?

a) Ilustrísima.
b) Excelencia.
c) Ilustrísimo Señor.
d) Excelentísimo Señor.

22. ¿Quién preside el Consejo de Empadronamiento?

a) El Presidente de la Oficina del Censo Electoral.
b) El Presidente del Instituto Nacional de Estadística.
c) El Ministro de Hacienda.
d) El Secretario del Instituto Nacional de Estadística.

23. ¿Con cuántos días de antelación mínima deben de ser convocadas las sesiones extraordinarias por el Alcalde o Presidente?

a) Dos días hábiles.
b) Dos días naturales.

c) Tres días hábiles.
d) Tres días naturales.

24. ¿Cuáles son los elementos que conforman el Municipio?

a) Territorio o término municipal, población y comunidad.
b) Territorio, comunidad y vecinos.
c) Territorio, población y organización.
d) Término municipal, sociedad y organización.

25. ¿Cuál es el nacimiento de toda relación jurídico-administrativa?

a) Una disposición legal.
b) Un negocio jurídico.
c) Un hecho o un acto.
d) Todas son correctas.

26. Con respecto a las fuentes del Derecho Administrativo, ¿cuándo tienen rango reglamentario los Tratados Internacionales suscritos por España?

a) Cuando hayan de ser autorizados por las Cortes Generales.
b) Cuando las Cortes se limiten a ser informadas por el Gobierno de su celebración.
c) Cuando se trate de Tratados de carácter político.
d) Cuando impliquen obligaciones financieras para la Hacienda Pública.

27. Entre las fuentes del derecho administrativo en el ordenamiento jurídico español, excepción hecha de las normas de derecho comunitario, sólo se encuentra jerárquicamente por encima de la Ley:

a) La Costumbre.
b) La Jurisprudencia.
c) El Reglamento.
d) La Constitución.

28. La titularidad legislativa en España, esto es, el poder para dictar leyes, la ostenta:

a) Las Cortes Generales, únicamente.
b) Las Cortes Generales y las Asambleas Legislativas de las Comunidades Autónomas.
c) El Rey.
d) El Presidente del Gobierno y los distintos Presidentes de las Comunidades Autónomas.

29. ¿Qué tipo de elemento del acto administrativo es la causa, es decir, la circunstancia que justifica en cada caso que un acto administrativo se dicte?

a) Elemento subjetivo.
b) El elemento objetivo.

c) El elemento formal.
d) El elemento funcional.

30. Al documento que acredita actos o situaciones de carácter administrativo cuyo destinatario es una persona, órgano o entidad que pretende la producción de efectos en un procedimiento administrativo o en el marco de las relaciones jurídicas privadas, se le denomina:

a) Certificado.
b) Acta.
c) Oficio.
d) Notificación.

31. El plazo máximo en el que debe notificarse la resolución expresa será el fijado por la norma reguladora del correspondiente procedimiento. Este plazo no podrá exceder de:

a) Tres meses salvo que una norma con rango de Ley establezca uno mayor o así venga previsto en la normativa comunitaria europea.
b) Dos meses salvo que una norma con rango de Ley establezca uno mayor o así venga previsto en la normativa comunitaria europea.
c) Cinco meses salvo que una norma con rango de Ley establezca uno mayor o así venga previsto en la normativa comunitaria europea.
d) Seis meses salvo que una norma con rango de Ley establezca uno mayor o así venga previsto en la normativa comunitaria europea.

32. En el procedimiento administrativo:

a) Se acordarán en un solo acto todos los trámites que, por su naturaleza, admitan una impulsión simultánea y no sea obligado su cumplimiento sucesivo.
b) Se acordarán en actos independientes todos los trámites.
c) Cada trámite tendrá una impulsión sucesiva.
d) Ninguna de las respuestas anteriores es correcta.

33. ¿Qué plazo, con carácter general, debe de conceder el órgano administrativo para aportar o subsanar la falta o insuficiente acreditación de la representación?

a) Cinco días.
b) Siete días naturales.
c) Siete días hábiles.
d) Diez días.

34. ¿Qué plazos no pueden reducirse a la mitad cuando se acuerda de oficio o a petición del interesado el procedimiento de urgencia?

a) Todos los establecidos para el procedimiento ordinario.
b) Los relativos a la presentación de solicitudes y recursos.

c) Los relativos a la publicación de los actos administrativos.
d) Las respuestas b) y c) son correctas.

35. Las disposiciones sancionadoras tendrán efectos retroactivos:

a) Excepto de las sanciones pendientes de cumplimiento al entrar en vigor la nueva disposición.
b) En ningún caso.
c) Siempre.
d) Cuando beneficien al infractor.

36. Las vulneraciones del ordenamiento jurídico constituirán infracción:

a) Cuando así lo establezca expresamente el reglamento sancionador de que se trate.
b) Cuando aparezcan previstas como tal en una Ley, únicamente.
c) Cuando sean susceptible de ser sancionadas.
d) Cuando vengan así determinadas en una norma analógicamente aplicable.

37. La comisión de una infracción administrativa determinará:

a) El pago de la sanción correspondiente.
b) La exigencia al infractor para que reponga la situación a su estado originario anterior y el pago de los daños y perjuicios causados.
c) O el pago de la sanción o la reparación de los daños, en aplicación del principio "no bis in ídem".
d) Tanto el pago de la sanción como la reparación de los daños a que hubiera lugar a consecuencia del hecho infractor.

38. Son licencias operativas:

a) Aquellas que cumplen la función de control preventivo.
b) Aquellas encaminadas a autorizar el ejercicio de una actividad concreta.
c) Aquellas que, además de cumplir la función primaria de control, orientan la actividad del administrado en la dirección normada o planificada previamente.
d) Aquellas que se refieren al establecimiento del ejercicio de una actividad indeterminada.

39. Las licencias en las que la actividad de la Administración se limita a comprobar si se dan las circunstancias que posibilitan la expedición legal de la misma, se llaman:

a) Mixtas.
b) Discrecionales.

c) Regladas.
d) Personales.

40. La transmisión de las licencias relativas a las condiciones de una obra, instalación o servicio, sin que se haya comunicado por escrito a la Corporación:

a) Determinará que tanto transmisor como transmitente queden sujetos a la responsabilidad afectante al titular.
b) Está prohibido.
c) Goza de plena eficacia.
d) Es sancionable.

41. Señala la respuesta incorrecta acerca del personal eventual:

a) Es el que, en virtud de nombramiento y con carácter no permanente, solo realiza funciones expresamente calificadas como de confianza o asesoramiento especial, siendo retribuido con cargo a los créditos presupuestarios consignados para este fin.
b) Su nombramiento y cese serán libres. El cese tendrá lugar, en todo caso, cuando se produzca el de la autoridad a la que se preste la función de confianza o asesoramiento.
c) La condición de personal eventual podrá constituir mérito para el acceso a la Función Pública o para la promoción interna.
d) Al personal eventual le será aplicable, en lo que sea adecuado a la naturaleza de su condición, el régimen general de los funcionarios de carrera.

42. Los empleados públicos tienen los siguientes derechos individuales, que se ejercen de forma colectiva:

a) A la libertad sindical.
b) A la negociación colectiva.
c) Al ejercicio de la huelga, con la garantía del mantenimiento de los servicios esenciales de la comunidad.
d) Todas las respuestas son correctas.

43. Los funcionarios de carrera podrán obtener la excedencia voluntaria por interés particular cuando hayan prestado servicios efectivos en cualquiera de las Administraciones Públicas, durante un periodo mínimo de:

a) Seis años inmediatamente anteriores.
b) Cinco años inmediatamente anteriores.
c) Tres años inmediatamente anteriores.
d) Dos años inmediatamente anteriores.

44. Según el artículo 16 de la Ley Orgánica 4/2010, de 20 de mayo, del Régimen Disciplinario del Cuerpo Nacional de Policía, las sanciones por faltas leves prescriben:

a) Al mes.
b) A los dos meses.
c) A los tres meses.
d) A los seis meses.

45. Según el artículo 17 del Régimen Disciplinario del Cuerpo Nacional de Policía, el procedimiento sancionador de los miembros del Cuerpo Nacional de Policía (de los Cuerpos de Policía Local) se ajustará a los principios de legalidad, impulso de oficio, imparcialidad, agilidad, eficacia, publicidad, contradicción, irretroactividad, tipicidad, responsabilidad, proporcionalidad y:

a) Transparencia.
b) Objetividad.
c) Concurrencia de sanciones.
d) Interés general.

46. Según el artículo 17 del Régimen Disciplinario del Cuerpo Nacional de Policía, el procedimiento sancionador de los miembros del Cuerpo Nacional de Policía (de los Cuerpos de Policía Local) comprende esencialmente los derechos a la presunción de inocencia, información, defensa y:

a) Prescripción de las faltas.
b) Representación.
c) Secreto profesional.
d) Audiencia.

47. Cuando las ordenanzas fiscales así lo prevean, no se exigirá interés de demora en los acuerdos de aplazamiento o fraccionamiento de pago que hubieran sido solicitados en período voluntario, en las condiciones y términos que prevea la ordenanza, siempre que:

a) Se refieran a deudas de vencimiento único y notificación colectiva y que el pago total de estas se produzca en el ejercicio siguiente a su devengo.
b) Se refieran a deudas de vencimiento periódico y notificación colectiva y que el pago total de estas se produzca en el mismo ejercicio que el de su devengo.
c) Se refieran a deudas de vencimiento periódico y notificación individual y que el pago total de estas se produzca en el ejercicio siguiente a su devengo.
d) Ninguna de las anteriores es correcta.

48. ¿En qué año se creó, por Ley del Parlamento gallego, la Policía de Galicia?

a) 1983.
b) 1992.

c) 1999.
d) 2007.

49. El artículo 47 de la Ley Orgánica 2/1986, de 13 de marzo, de Fuerzas y Cuerpos de Seguridad, establece la posibilidad de adscripción de Unidades del Cuerpo Nacional de Policía a las Comunidades Autónomas que no hicieran uso de la posibilidad de prever en sus Estatutos de Autonomía la creación de Cuerpos de Policía para el ejercicio de las funciones de vigilancia y protección. Dichas Unidades adscritas tendrán dependencia orgánica de:

a) La Junta de Seguridad.
b) El Ministerio del Interior.
c) El Departamento competente en la Comunidad Autónoma en materia de seguridad.
d) La Delegación del Gobierno en la Comunidad Autónoma.

50. Según el artículo 65.3 del Estatuto de Autonomía para Andalucía, corresponde a la Comunidad Autónoma de Andalucía, en relación a las policías locales andaluzas, sin perjuicio de su dependencia de las autoridades municipales, la ordenación general y la:

a) Coordinación supramunicipal.
b) Supervisión y control.
c) Regulación básica.
d) Dirección de la actuación.

51. Según el artículo 21.2 del Texto Refundido de la Ley de Suelo y Rehabilitación Urbana, aprobado por Real Decreto Legislativo 7/2015, de 30 de octubre, en qué situación está el suelo preservado por la ordenación territorial y urbanística de su transformación mediante la urbanización:

a) Suelo rústico.
b) Suelo rural.
c) Suelo natural.
d) Suelo agrícola.

52. Según el artículo 84.1.a) de la Ley 7/1985, de 2 de abril, Reguladora de las Bases del Régimen Local, las Entidades locales podrán intervenir la actividad de los ciudadanos a través de:

a) Decretos y Órdenes.
b) Mandatos y Prohibiciones.
c) Ordenanzas y Bandos.
d) Pliegos y Declaraciones.

53. El art. 11 LOFCS, así como el art. 104,1.º de la Constitución, determinan como misión fundamental de las Fuerzas y Cuerpos de Seguridad del Estado la de proteger el libre ejercicio de los derechos y libertades y garantizar:

a) El pluralismo político.
b) La seguridad ciudadana.
c) La integridad territorial.
d) El cumplimiento de las leyes.

54. Según el artículo 18 del Real Decreto 769/1987, de 19 de junio, sobre regulación de la Policía Judicial, a las Unidades Orgánicas de la Policía Judicial corresponderá la función de investigación criminal con carácter permanente y:

a) General.
b) Básico.
c) Especial.
d) Supletorio.

55. ¿A quién corresponde la Presidencia de la Comisión Nacional de Coordinación de la Policía Judicial?

a) Al Fiscal General del Estado.
b) Al Ministro del Interior.
c) Al Ministro de Justicia.
d) Al Presidente del Tribunal Supremo y del Consejo General del Poder Judicial.

56. ¿Quién preside la Comisión Provincial de Coordinación de la Policía Judicial?

a) El Presidente de la Audiencia Provincial.
b) El Fiscal Jefe de la Audiencia.
c) El Magistrado Juez Decano de los Juzgados de Primera Instancia e Instrucción de la capital de la Provincia.
d) El Jefe de la Unidad Orgánica de la Policía Judicial del Cuerpo Nacional de Policía.

57. Señala la opción correcta, conforme a la Ley Orgánica 4/2015, de 30 de marzo, de protección de la seguridad ciudadana:

a) Cuando una acción u omisión deba tomarse en consideración como criterio de graduación de la sanción o como circunstancia que determine la calificación de la infracción deberá ser sancionada como infracción independiente.
b) En hechos susceptibles de ser calificados con arreglo a dos o más preceptos, el precepto general se aplicará con preferencia al especial.
c) En hechos susceptibles de ser calificados con arreglo a dos o más preceptos, el precepto más leve excluirá los que sancionen el hecho con una sanción mayor.
d) En hechos susceptibles de ser calificados con arreglo a dos o más preceptos, el precepto más amplio o complejo absorberá el que sancione las infracciones consumidas en aquel.

58. Según el artículo 32 de la Ley Orgánica 4/2015, de 30 de marzo, de protección de la seguridad ciudadana, para la sanción de infracciones muy graves en grado medio y en grado mínimo, en el ámbito de la Administración General del Estado, será competente:

a) El Consejo de Ministros.
b) El Ministro del Interior.
c) El Secretario de Estado de Seguridad.
d) Los Delegados del Gobierno en las comunidades autónomas y en las Ciudades de Ceuta y Melilla.

59. Según el artículo 35 de la Ley Orgánica 4/2015, de 30 de marzo, de protección de la seguridad ciudadana, se considera una infracción muy grave:

a) Las reuniones o manifestaciones no comunicadas o prohibidas en infraestructuras o instalaciones en las que se prestan servicios básicos para la comunidad o en sus inmediaciones, así como la intrusión en los recintos de estas, incluido su sobrevuelo, cuando, en cualquiera de estos supuestos, se haya generado un riesgo para la vida o la integridad física de las personas.
b) Las acciones y omisiones que impidan u obstaculicen el funcionamiento de los servicios de emergencia, provocando o incrementando un riesgo para la vida o integridad de las personas o de daños en los bienes, o agravando las consecuencias del suceso que motive la actuación de aquellos.
c) La negativa a identificarse a requerimiento de la autoridad o de sus agentes o la alegación de datos falsos o inexactos en los procesos de identificación.
d) La solicitud o aceptación por el demandante de servicios sexuales retribuidos en zonas de tránsito público en las proximidades de lugares destinados a su uso por menores, como centros educativos, parques infantiles o espacios de ocio accesibles a menores de edad, o cuando estas conductas, por el lugar en que se realicen, puedan generar un riesgo para la seguridad vial.

60. No puede circular por las vías objeto de la Ley sobre Tráfico, Circulación de Vehículos a Motor y Seguridad Vial, el conductor de cualquier vehículo con tasas de alcohol en aire espirado superiores a (a partir de):

a) 0,15 miligramos por litro.
b) 0,25 miligramos por litro.
c) 0,30 miligramos por litro.
d) 0,5 miligramos por litro.

61. La utilización del carril habilitado para VAO queda limitada a:

a) Peatones y bicicletas.
b) Los turismos con remolque.
c) Motocicletas, turismos y vehículos mixtos adaptables.
d) Vehículos de tracción animal y animales.

62. Todo conductor que, por razones de emergencia, se vea obligado a circular con su vehículo por una autopista o autovía a velocidad anormalmente reducida deberá:

a) Abandonarla por la primera salida.
b) Estacionar en el arcén y avisar a una grúa para su retirada.
c) Circular con las luces de emergencia encendidas.
d) Circular por el arcén durante todo el trayecto.

63. El permiso de la clase A solo podrá expedirse a conductores que ya sean titulares de un permiso en vigor de la clase A2 con, al menos:

a) 21 años.
b) 2 años de antigüedad.
c) 4 años de antigüedad.
d) 16 años de edad.

64. La edad mínima para conducir vehículos para personas de movilidad reducida será de:

a) 14 años.
b) 16 años.
c) 18 años.
d) 20 años.

65. En el caso de extranjeros, para obtener un permiso o una licencia de conducción se requerirá, además de haber cumplido la edad requerida, acreditar la situación de residencia normal o estancia por estudios en España de, al menos:

a) 6 meses.
b) 12 meses.
c) 18 meses.
d) 2 años.

66. Dentro de las señales de reglamentación, es una señal de obligación:

a) R-407.a. Vía reservada para ciclos o vía ciclista.
b) R-506. Fin de velocidad mínima.
c) R-308. Estacionamiento prohibido.
d) R-1. Ceda el paso.

67. ¿Qué tipo de señal vertical son las señales de carriles?

a) Señales de reglamentación.
b) Señales de advertencia de peligro.
c) Señales de indicación.
d) Señales de restricción.

68. La señal S-100. Puesto de socorro, es una señal:

a) De indicaciones generales.
b) De servicios.
c) De orientación.
d) De reglamentación.

69. En relación con la pregunta anterior, a fin de cumplir el requisito de capacidad financiera, la empresa deberá disponer, al menos, de capital y reservas por cada vehículo adicional utilizado, por un importe mínimo de:

a) 5.000 euros más.
b) 6.000 euros más.
c) 9.000 euros más.
d) 12.000 euros más.

70. Como regla general, las autorizaciones de transporte público deberán domiciliarse:

a) Donde ejerza su actividad principal.
b) En el lugar en que su titular tenga su domicilio fiscal.
c) Donde resida su titular.
d) En el lugar en que su titular tenga su domicilio natural.

71. Señala la respuesta incorrecta respecto al Registro de Empresas y Actividades de Transporte:

a) El contenido del Registro se presume exacto y válido.
b) La inscripción en el Registro se realizará de oficio por la Administración.
c) La inscripción en el Registro tendrá carácter voluntario.
d) Realizada una inscripción o anotación en el Registro, no podrá realizarse otra de igual o anterior fecha que resulte opuesta o incompatible con aquella.

72. Los cuadriciclos están exentos de someterse a la inspección técnica periódica dentro de:

a) Dos años desde su matriculación.
b) Tres años desde su matriculación.
c) Cuatro años desde su matriculación.
d) Cinco años desde su matriculación.

73. Los ciclomotores de dos ruedas con velocidad máxima por construcción no superior a 45 km/h están exentos de someterse a la inspección técnica periódica dentro de:

a) Dos años desde su matriculación.
b) Tres años desde su matriculación.
c) Cuatro años desde su matriculación.
d) Cinco años desde su matriculación.

74. El concepto de accidente de tráfico, al margen de lo expuesto, viene regulado por la:

a) Orden Ministerial INT/2223/2014, de 27 de octubre.
b) Orden Ministerial INT/675/2016, de 27 de octubre.
c) Orden Ministerial INT/347/1993, de 18 de febrero.
d) Orden Ministerial INT/1538/2016, de 5 de septiembre.

75. Se excluye del concepto de accidente de tráfico cuando concurra alguna de estas circunstancias:

a) Producirse, o tener su origen, en una de las vías o terrenos objeto de la legislación sobre tráfico, circulación de vehículos a motor y seguridad vial.
b) Los accidentes provocados por muertes naturales confirmadas.
c) Accidentes con tranvías.
d) Estar implicado al menos un vehículo en movimiento.

76. Atendidas la duración de la pena sustituida y las circunstancias personales del penado, el extranjero no podrá regresar a España en un plazo de:

a) Uno a cinco años, contados desde la fecha de su expulsión.
b) Dos a cinco años, contados desde la fecha de su expulsión.
c) Dos a diez años, contados desde la fecha de su expulsión.
d) Cinco a diez años, contados desde la fecha de su expulsión.

77. La responsabilidad criminal se extingue:

a) Por el cumplimiento de la condena.
b) Por el indulto.
c) Por la prescripción de la pena o de la medida de seguridad.
d) Todas las respuestas son correctas.

78. Al reo de asesinato que hubiera sido condenado por la muerte de más de dos personas se le impondrá una pena de:

a) Prisión de veinte años.
b) Prisión de dos a quince años.
c) Prisión permanente revisable.
d) Dos penas de prisión de quince años.

79. ¿En qué artículo del Código Penal se encuentra tipificado el homicidio cometido por imprudencia grave con vehículo a motor?

a) En el artículo 142.1.
b) En el artículo 138.
c) En el artículo 621.2.
d) En el artículo 623.1.

80. El cambio de filiación en un menor por parte de los responsables sanitarios:

a) Bastaría para conformar la tipicidad de la conducta, la imprudencia de carácter grave.
b) Bastaría para conformar la tipicidad de la conducta, la imprudencia de carácter leve.
c) Sería típico si concurre el dolo en su acción.
d) Bastaría para conformar la tipicidad de la conducta cualquier tipo de imprudencia.

81. ¿Cuándo se consuma el delito de suposición de parto?

a) En el momento de la inscripción en el Registro Civil.
b) En el momento de idear ese tipo de delito.
c) En el mismo momento de la simulación, no siendo necesario la inscripción en el Registro Civil.
d) En el momento en que se certifica por parte del Registro Civil el nacimiento.

82. Señala el art. 244.1 C.P. que "el que sustrajere o utilizare sin la debida autorización un vehículo a motor o ciclomotor ajenos, sin ánimo de apropiárselo, será castigado con la pena de trabajos en beneficio de la comunidad de treinta y uno a noventa días o multa de dos a doce meses, si lo restituyera, directa o indirectamente, en un plazo no superior a:

a) Veinticuatro horas.
b) Cuarenta y ocho horas.
c) Setenta y dos horas.
d) Cinco días.

83. Indica cuál de los siguientes no es uno de los supuestos agravados del delito de robo o hurto de uso de vehículos:

a) Si el hecho se ejecutare empleando fuerza en las cosas.
b) De no efectuarse la restitución en el plazo de cuarenta y ocho horas.
c) Cuando al delinquir el culpable hubiera sido condenado ejecutoriamente al menos por tres delitos comprendidos en este Título, siempre que sean de la misma naturaleza.
d) Si el hecho se cometiere con violencia o intimidación en las personas.

84. El art. 397 del CP, establece para el facultativo que librare certificado falso, pena de:

a) Prisión.
b) Multa.
c) Suspensión de funciones.
d) Inhabilitación especial.

85. El que habiendo recibido de buena fe moneda falsa en un comercio, la distribuya después de tener certeza de su falsedad:

a) Es una conducta atípica.
b) Comete una infracción civil.
c) Comete infracción administrativa.
d) Comete infracción criminal.

86. El que matare al Rey o a la Reina o al Príncipe o a la Princesa de Asturias será castigado con la pena de prisión:

a) Permanente revisable.
b) De veinticinco a treinta años.
c) De veinte a veinticinco años.
d) De veinticinco a treinta años.

87. ¿En qué delito incurrirán, los que por medio de violencia, intimidación, fuerza o cualquier otro apremio ilegítimo impidan a un miembro o miembros de una confesión religiosa practicar los actos propios de las creencias que profesen, o asistir a los mismos?

a) Un delito de proselitismo ilegal.
b) Un delito de perturbación de actos religiosos.
c) Un delito de escarnio.
d) Un delito de coacciones.

88. Están legitimados para solicitar una orden de protección:

a) El Ministerio Fiscal.
b) La víctima.
c) Los menores o incapaces que convivan con la víctima o que se hallen sujetos a la potestad, tutela, curatela, acogimiento o guarda de hecho.
d) Todas las respuestas son correctas.

89. ¿Cuántos consejeros integran el Consejo Estatal de las Personas Mayores?

a) 3.
b) 9.
c) 57.
d) 61.

90. ¿Cuál de los siguientes derechos no se reconoce en todo caso a los extranjeros que no sean de larga duración en las mismas condiciones que los españoles?

a) De reunión y manifestación.
b) A la vivienda.
c) De sindicación y huelga.
d) De asociación.

91. No pueden ejercer el derecho a la reagrupación familiar, los extranjeros respecto de:

a) Su cónyuge separado de hecho.

b) Los ascendientes hasta el segundo grado.

c) La persona con quien se encuentre ligado en relación de afectividad, y no hayan podido contraer matrimonio por estar casados con otros en su país de origen.

d) Los menores de 18 años, que no siendo hijos naturales o adoptados, aquellos ejerzan su representación legal.

92. El sujeto que no toma la iniciativa en el consumo, siendo este esporádico y debido principalmente a factores sociales, se dice que es un consumidor:

a) Dependiente.

b) Experimental.

c) Ocasional.

d) Episódico.

93. La tasa de alcohol máxima en aire espirado permitida en España para los conductores profesionales es de:

a) 0,15 g/l.

b) 0,25 mg/l.

c) 0,15 mg/l.

d) 0,3 g/l.

94. El coma alcohólico se da, generalmente, con una tasa de alcohol en sangre:

a) Entre 1,5 y 2,5 g/l.

b) Entre 2,5 y 3 g/l.

c) Superior a 3 g/l.

d) A partir de 4 g/l.

95. Los recursos que, ambulatoriamente, plantean su intervención en el ámbito social, sanitario y terapéutico a demanda, con el objetivo de paliar o minimizar las consecuencias derivadas del consumo de drogas son los:

a) Hospitales.

b) Centros de Atención Primaria.

c) RETO.

d) Centros de Encuentro y Acogida.

96. El elemento de la prevención a la drogodependencia que se arbitra para que las personas, que siendo consumidoras esporádicas o habituales o teniendo comportamientos adictivos, no lleguen a ser dependientes y sean capaces de mantener un consumo responsable, es la:

a) Prevención Terciaria.
b) Prevención Secundaria.
c) Prevención Primaria.
d) Prevención complementaria.

97. La policía judicial española depende de/del:

a) Jueces y Tribunales.
b) Gobierno.
c) Ministerio Fiscal.
d) Las opciones a) y c) son correctas.

98. No se encuentran legalmente autorizados para el ejercicio a la libertad sindical los miembros de:

a) La Policía Nacional.
b) Las Policías locales.
c) La Guardia Civil.
d) Ninguno de los anteriores.

99. La declaración de que el ejercicio de las funciones de aplicación de la ley en defensa del orden público tiene una repercusión directa en la calidad de la vida tanto de los individuos como de la sociedad en su conjunto se contiene en:

a) El Código de conducta para funcionarios encargados de hacer cumplir la ley.
b) La Declaración sobre la Policía.
c) La Ley de Fuerzas y Cuerpos de Seguridad.
d) El Código Europeo de Ética de la Policía.

100. El "Código de conducta para funcionarios encargados de hacer cumplir la ley" autoriza el uso de la fuerza:

a) Solo bajo la orden de un superior.
b) Para el mantenimiento y defensa de los derechos humanos de todas las personas.
c) Cuando las necesidades de la justicia lo exijan.
d) Solo cuando sea estrictamente necesario y en la medida que lo requiera el desempeño de sus tareas.

Solución al simulacro n.º 4

1. d) En el artículo 17 de la Constitución Española y en el Código Penal.

2. b) Libertad, justicia, igualdad y pluralismo político.

3. b) El Título octavo.

4. c) Resolución judicial, flagrante delito y consentimiento del titular.

5. a) 4.

6. d) Todas son correctas.

7. b) Presidente, Pleno, Comisión de Gobierno, Sección de Fiscalización, Sección de Enjuiciamiento, Consejeros de Cuentas, Fiscalía y Secretaría General.

8. c) El Defensor del Pueblo.

9. c) El Rey.

10. b) El Senado.

11. b) Un año.

12. d) El Tribunal Supremo.

13. b) Castrense y a los supuestos de estado de sitio.

14. c) El partido.

15. a) Sí.

16. d) Los Subsecretarios, Secretarios Generales, Secretarios Generales Técnicos, Directores Generales y Subdirectores Generales.

17. b) Principio de dirección presidencial, principio de colegialidad y principio departamental.

18. d) Todas son correctas.

19. c) Impuesto sobre Vehículos de Tracción Mecánica.

20. b) De trece.

21. b) Excelencia.

22. b) El Presidente del Instituto Nacional de Estadística.

23. a) Dos días hábiles.

24. c) Territorio, población y organización.

25. d) Todas son correctas.

26. b) Cuando las Cortes se limiten a ser informadas por el Gobierno de su celebración.

27. d) La Constitución.

28. c) El Rey.

29. b) El elemento objetivo.

30. a) Certificado.

31. d) Seis meses salvo que una norma con rango de Ley establezca uno mayor o así venga previsto en la normativa comunitaria europea.

32. a) Se acordarán en un solo acto todos los trámites que, por su naturaleza, admitan una impulsión simultánea y no sea obligado su cumplimiento sucesivo.

33. d) Diez días.

34. b) Los relativos a la presentación de solicitudes y recursos.

35. d) Cuando beneficien al infractor.

36. b) Cuando aparezcan previstas como tal en una Ley, únicamente.

37. d) Tanto el pago de la sanción como la reparación de los daños a que hubiera lugar a consecuencia del hecho infractor.

38. c) Aquellas que, además de cumplir la función primaria de control, orientan la actividad del administrado en la dirección normada o planificada previamente.

39. c) Regladas.

40. a) Determinará que tanto transmisor como transmitente queden sujetos a la responsabilidad afectante al titular.

41. c) La condición de personal eventual podrá constituir mérito para el acceso a la Función Pública o para la promoción interna.

42. d) Todas las respuestas son correctas.

43. b) Cinco años inmediatamente anteriores.

44. a) Al mes.

45. c) Concurrencia de sanciones.

46. d) Audiencia.

47. b) Se refieran a deudas de vencimiento periódico y notificación colectiva y que el pago total de estas se produzca en el mismo ejercicio que el de su devengo.

48. d) 2007.

49. b) El Ministerio del Interior.

50. a) Coordinación supramunicipal.

51. b) Suelo rural.

52. c) Ordenanzas y Bandos.

53. b) La seguridad ciudadana.

54. c) Especial.

55. d) Al Presidente del Tribunal Supremo y del Consejo General del Poder Judicial.

56. a) El Presidente de la Audiencia Provincial.

57. d) En hechos susceptibles de ser calificados con arreglo a dos o más preceptos, el precepto más amplio o complejo absorberá el que sancione las infracciones consumidas en aquel.

58. c) El Secretario de Estado de Seguridad.

59. a) Las reuniones o manifestaciones no comunicadas o prohibidas en infraestructuras o instalaciones en las que se prestan servicios básicos para la comunidad o en sus inmediaciones, así como la intrusión en los recintos de estas, incluido su sobrevuelo, cuando, en cualquiera de estos supuestos, se haya generado un riesgo para la vida o la integridad física de las personas.

60. b) 0,25 miligramos por litro.

61. c) Motocicletas, turismos y vehículos mixtos adaptables.

62. a) Abandonarla por la primera salida.

63. b) 2 años de antigüedad.

64. a) 14 años.

65. a) 6 meses.

66. a) R-407.a. Vía reservada para ciclos o vía ciclista.

67. c) Señales de indicación.

68. b) De servicios.

69. a) 5.000 euros más.

70. b) En el lugar en que su titular tenga su domicilio fiscal.

71. c) La inscripción en el Registro tendrá carácter voluntario.

72. c) Cuatro años desde su matriculación.

73. b) Tres años desde su matriculación.

74. a) Orden Ministerial INT/2223/2014, de 27 de octubre.

75. b) Los accidentes provocados por muertes naturales confirmadas.

76. d) Cinco a diez años, contados desde la fecha de su expulsión.

77. d) Todas las respuestas son correctas.

78. c) Prisión permanente revisable.

79. a) En el artículo 142.1.

80. a) Bastaría para conformar la tipicidad de la conducta, la imprudencia de carácter grave.

81. c) En el mismo momento de la simulación, no siendo necesario la inscripción en el Registro Civil.

82. b) Cuarenta y ocho horas.

83. c) Cuando al delinquir el culpable hubiera sido condenado ejecutoriamente al menos por tres delitos comprendidos en este Título, siempre que sean de la misma naturaleza.

84. b) Multa.

85. d) Comete infracción criminal.

86. a) Permanente revisable.

87. a) Un delito de proselitismo ilegal.

88. d) Todas las respuestas son correctas.

89. d) 61.

90. b) A la vivienda.

91. d) Los menores de 18 años, que no siendo hijo natural o adoptado, aquellos ejerzan su representación legal.

92. c) Ocasional.

93. c) 0,15 mg/l.

94. c) Superior a 3 g/l.

95. d) Centros de Encuentro y Acogida.

96. b) Prevención Secundaria.

97. d) Las opciones a) y c) son correctas.

98. c) La Guardia Civil.

99. a) El Código de conducta para funcionarios encargados de hacer cumplir la ley.

100. d) Solo cuando sea estrictamente necesario y en la medida que lo requiera el desempeño de sus tareas.

SIMULACRO N.º 5

1. ¿Quién nombra al Presidente del Tribunal Constitucional?

a) El Rey.
b) El Pleno del Tribunal Constitucional por tres años.
c) El Ministro de Justicia.
d) El Consejo de Estado a propuesta del Presidente del Gobierno.

2. ¿En qué artículo de la Constitución Española viene contemplado el principio de legalidad penal?

a) En el artículo 15.
b) En el artículo 24.
c) En el artículo 25.
d) No viene recogido en la Constitución sino en el Código Penal.

3. ¿Qué limitaciones contempla la Constitución Española a la libertad ideológica, religiosa y de culto en sus manifestaciones?

a) El mantenimiento del orden público.
b) No tiene limitación alguna al ser un derecho fundamental.
c) La ostentación pública de creencias contrarias a las demás confesiones.
d) Ninguna es correcta.

4. Según el artículo 11 de la Constitución Española:

a) Nadie puede ser privado de su nacionalidad.
b) Ningún español podrá ser privado de su nacionalidad.
c) Ningún español de origen puede ser privado de su nacionalidad.
d) Todo español podrá ser privado de su nacionalidad como consecuencia de una sanción judicial firme.

5. La mayoría de edad está contemplada en la Constitución Española en:

a) El artículo 18.
b) El artículo 12.
c) Título Primero, Capítulo segundo.
d) En ninguna de las anteriores.

6. El derecho constitucional a la sindicación del artículo 28:

a) Puede estar limitado en su ejercicio para determinados funcionarios públicos.

b) No tiene limitación alguna para los funcionarios públicos.

c) Obliga a sindicatos a formar Confederaciones y a fundar Organizaciones Sindicales Internacionales.

d) Exceptúa de este derecho a las Fuerzas Armadas pero no a la Guardia Civil ni a la Policía Nacional.

7. ¿Qué plazo establece el artículo 91 de la Constitución Española para que el Rey promulgue y ordene la publicación de las Leyes aprobadas por las Cortes Generales?

a) Quince días.

b) Veinte días.

c) Quince días hábiles.

d) No señala plazo, sino que ordena su inmediata publicación.

8. ¿Qué actos del Rey no necesitan refrendo?

a) Todos los actos del Rey necesitan refrendo, según el artículo 64 de la Constitución Española.

b) Convocar a referéndum en los casos previstos en la Constitución.

c) Nombrar y relevar a los miembros civiles y militares de su Casa.

d) Ejercer el derecho de gracia con arreglo a la ley, no pudiendo autorizar indultos generales.

9. Con respecto a las Leyes, al Rey corresponde su:

a) Publicación.

b) Aprobación.

c) Sanción y promulgación.

d) Ratificación.

10. ¿Cuántos Senadores eligen las poblaciones de Ceuta y Melilla?

a) Uno cada población.

b) Dos cada una de ellas.

c) Ceuta un senador y Melilla dos.

d) Tres cada una de ellas.

11. ¿Quién proveerá a la sucesión en la Corona en la forma que más convenga a los intereses de España cuando estén extinguidas todas las líneas llamadas en Derecho?

a) El Presidente del Gobierno.

b) El Senado.

c) El Congreso de los Diputados.

d) Las Cortes Generales.

12. ¿Cuántas jurisdicciones existen en el ordenamiento jurídico español?

a) La jurisdicción ordinaria y la extraordinaria.

b) La jurisdicción castrense y la ordinaria.

c) La jurisdicción es única.

d) La jurisdicción militar y la extraordinaria.

13. La Sala de lo Penal del Tribunal Supremo es:

a) La Sala Primera.

b) La Sala Segunda.

c) La Sala Tercera.

d) La Sala Cuarta.

14. La Audiencia Nacional está integrada por las siguientes Salas:

a) De lo Penal, de lo Contencioso-Administrativo y de lo Social.

b) De lo Penal, de lo Civil, de lo Contencioso-Administrativo y de lo Social.

c) De lo Penal, de lo Civil, de lo Militar y de lo Contencioso-Administrativo.

d) De Apelación, de lo Penal, de lo Contencioso-Administrativo y de lo Social.

15. El cargo de Juez de Paz lo desempeña un Juez lego elegido por:

a) El Consejo General del Poder Judicial.

b) El Tribunal Superior de Justicia respectivo.

c) El Ayuntamiento.

d) El Juez de 1.ª Instancia e Instrucción del municipio.

16. ¿Cuál de las siguientes competencias le corresponde al Consejo de Ministros como órgano colegiado que es?

a) Aprobar los Reales Decretos-Leyes y los Reales Decretos Legislativos.

b) Interponer el recurso de inconstitucionalidad.

c) Plantear ante el Congreso de los Diputados la cuestión de confianza.

d) Todas son correctas.

17. ¿Qué supuestos establece el artículo 101 de la Constitución para el cese del Gobierno?

a) Dimisión o fallecimiento del Presidente.

b) Pérdida de la confianza parlamentaria.

c) Tras la celebración de elecciones generales.

d) Todas son correctas.

18. ¿Qué órgano se ha creado para dar cumplimiento al principio de solidaridad que señala el artículo 158 de la Constitución?

a) El Fondo de Garantías Salariales.
b) El Fondo de Compensación Autonómico.
c) El Fondo de Compensación Interterritorial.
d) El Fondo de Solidaridad Interterritorial.

19. ¿Cuál de los siguientes no es, a tenor del artículo 11.2.º Ley de Régimen Local, elemento del Municipio?

a) El término municipal.
b) La población.
c) La organización.
d) La autonomía.

20. ¿En qué municipios es obligatoria la existencia de la Junta de Gobierno Local?

a) En todos los municipios.
b) En los municipios de 5.000 habitantes.
c) En los municipios de más de 5.000 habitantes.
d) En los municipios de más de 50.000 habitantes.

21. ¿Cuál es el tratamiento correcto que hay que darle a los Alcaldes de las capitales de provincia, a excepción de los de Madrid y Barcelona?

a) Señoría.
b) Excelencia.
c) Ilustrísima.
d) Ninguno.

22. ¿Cuál de las siguientes atribuciones no corresponde al Pleno del Ayuntamiento?

a) La declaración de lesividad de los actos del Ayuntamiento.
b) El planteamiento de conflictos de competencias a otras entidades locales.
c) La aceptación de la delegación de competencias hecha por otras administraciones públicas.
d) Las atribuciones que el Alcalde u otro órgano municipal le delegue.

23. ¿Con qué periodicidad remitirá el Instituto Nacional de Estadística a los Institutos estadísticos de las Comunidades Autónomas u órganos competentes en la materia, y en su caso, a otras Administraciones públicas, los datos relativos a los padrones en los municipios de su ámbito territorial en los que se produzcan altas o bajas de extranjeros?

a) Mensualmente.
b) Bimestralmente.

c) Trimestralmente.
d) Cuando lo estime oportuno.

24. ¿Cuál de las siguientes funciones no corresponde a los Alcaldes?

a) Nombrar y cesar a los Tenientes de Alcalde y a los Presidentes de los Distritos.
b) Ejercer la superior dirección del personal al servicio de la Administración Municipal.
c) Dictar bandos, decretos e instrucciones.
d) Todas son correctas.

25. ¿Cuál es la distinción tradicional que ha realizado la Doctrina científica de los administrados?

a) Administrado simple y administrado cualificado.
b) Administrado singular y administrado complejo.
c) Administrado cualificado y administrado representado.
d) Administrado objetivo y administrado subjetivo o personal.

26. En el ordenamiento jurídico español, las Leyes Orgánicas se diferencian de las leyes ordinarias en:

a) El ámbito jerárquico de las mismas, siendo el de unas superior al de las otras.
b) Su procedencia, el órgano del que emanan.
c) Su contenido, la materia que regulan unas y otras.
d) Nada, sólo depende del nombre que se le dé.

27. Es, o debe ser, Ley Orgánica:

a) Las de transferencia o delegación.
b) Las básicas o de bases.
c) Las de armonización.
d) Las refrendadas.

28. La delegación legislativa en materias de competencia estatal, por la que se trasladan a órganos autonómicos facultades normativas estatales, quedando a iniciativa de la norma delegante el ámbito, contenido, condiciones y rango, en su caso, de las habilitadas, se realiza a través de:

a) Leyes de bases.
b) Leyes de Armonización.
c) Leyes de Transferencia.
d) Leyes Marco.

29. Cuando la notificación de las resoluciones y actos administrativos se realicen en el domicilio del interesado, de no encontrarse este, ¿cuándo se volverá a intentar?

a) Las veces que haga falta y en horas distintas dentro de los tres días siguientes.
b) Las veces que haga falta dentro de los tres días siguientes.

c) Una sola vez y en una hora distinta dentro de los tres días siguientes.

d) La notificación se efectuará mediante publicación en el tablón de edictos del Ayuntamiento.

30. ¿Qué tipo de recurso cabe contra la contestación a las quejas?

a) Recurso de alzada.
b) Recurso de reposición.
c) Recurso de revisión.
d) Ninguno.

31. ¿En cuál de los siguientes casos cesa definitivamente la eficacia de los actos administrativos?

a) Con la anulación o revocación del propio acto.
b) Con la desaparición de los presupuestos de hecho que motivaron que se dictase.
c) Con el total cumplimiento del mismo.
d) Todas son correctas.

32. ¿Cuándo tiene derecho el administrado a conocer el estado de la tramitación de los procedimientos en los que tenga la condición de interesado?

a) Antes del trámite de audiencia.
b) Antes de su resolución.
c) En cualquier momento.
d) Antes del periodo de información pública.

33. Salvo que una disposición o el cumplimiento del resto de los plazos del procedimiento permita o exija otro plazo mayor o menor, los informes serán evacuados en el plazo de:

a) Diez días.
b) Quince días.
c) No más de quince días y menos de diez.
d) No más de veinte días ni menos de quince.

34. A través del desistimiento:

a) El particular pierde su propio derecho, sin poderlo ejercitar en lo sucesivo.
b) El particular manifiesta su voluntad de abandonar un concreto procedimiento.
c) El particular conserva el derecho que le ampara, si no ha prescrito, pudiendo hacerlo valer en otro procedimiento.
d) Las respuestas b) y c) son ciertas.

35. Las sanciones administrativas:

a) Podrán consistir en el cumplimiento de la pena de arresto domiciliario.
b) Deberán ser más gravosas para el infractor que el beneficio obtenido con su comisión.

c) Se impondrán tantas como infracciones sean las cometidas, aunque para cometer una se hayan tenidos que cometer otras.

d) Serán siempre pecuniarias.

36. Si la norma jurídica que establezca una sanción administrativa no fija un plazo específico, las leves prescribirán:

a) A los dos años.

b) A los seis meses.

c) Al año.

d) A los tres meses.

37. El silencio administrativo en el procedimiento sancionador determinará:

a) La caducidad del mismo.

b) La firmeza de la sanción impuesta.

c) La iniciación del procedimiento de apremio para el cobro de la sanción.

d) La posibilidad del infractor de interponer recurso contencioso administrativo.

38. En los procedimientos de otorgamiento de licencia instada para actividades en la vía pública o en bienes de dominio público o patrimoniales, transcurridos los plazos para notificar resolución expresa sin que se haya hecho, deberá entenderse:

a) Que debe volverse a iniciar el procedimiento.

b) Que ha sido otorgada.

c) Que ha sido denegada.

d) Que puede acudir a la Comisión Provincial para que resuelva en el plazo de un mes.

39. El órgano competente para otorgar las licencias en los casos de Municipios de gran población, y a falta de previsión legal en contrario, es:

a) La Comisión Provincial.

b) El Alcalde.

c) El Pleno.

d) La Junta de Gobierno Local.

40. La gestión de los servicios públicos prestados por las corporaciones municipales mediante la constitución de un organismo autónomo local:

a) Está expresamente prohibido.

b) Es una forma de gestión indirecta.

c) Es una forma de gestión directa prevalente sobre otras modalidades.

d) Es una forma de gestión directa, pero que requiere una memoria justificativa.

41. ¿Cuándo tendrá la funcionaria en situación de excedencia por razón de violencia de género derecho a percibir las retribuciones íntegras y, en su caso, las prestaciones familiares por hijo a cargo?

a) Durante los dos primeros meses de esta excedencia.
b) Durante los tres primeros meses de esta excedencia.
c) Durante los cinco primeros meses de esta excedencia.
d) Durante los seis primeros meses de esta excedencia.

42. Los funcionarios públicos tendrán derecho a disfrutar, durante cada año natural, de unas vacaciones retribuidas de:

a) Veinticuatro días hábiles, o de los días que correspondan proporcionalmente si el tiempo de servicio durante el año fue menor.
b) Veintidós días hábiles, o de los días que correspondan proporcionalmente si el tiempo de servicio durante el año fue menor.
c) Veinte días hábiles, o de los días que correspondan proporcionalmente si el tiempo de servicio durante el año fue menor.
d) Veintiún días hábiles, o de los días que correspondan proporcionalmente si el tiempo de servicio durante el año fue menor.

43. Los arts. 14 y 15 LEBEP tratan de los derechos individuales y los derechos individuales ejercidos colectivamente, prescribiendo el primero de ellos que los empleados públicos tienen los siguientes derechos de carácter individual en correspondencia con la naturaleza jurídica de su relación de servicio:

a) A la inamovilidad en la condición de funcionario de carrera.
b) A participar en la consecución de los objetivos atribuidos a la unidad donde preste sus servicios y a ser informado por sus superiores de las tareas a desarrollar.
c) A la defensa jurídica y protección de la Administración Pública en los procedimientos que se sigan ante cualquier orden jurisdiccional como consecuencia del ejercicio legítimo de sus funciones o cargos públicos.
d) Todas las respuestas son correctas.

44. En relación al procedimiento sancionador de los miembros del Cuerpo Nacional de Policía (de los Cuerpos de Policía Local), no es cierto que:

a) La iniciación de un procedimiento penal no impedirá la incoación de procedimientos disciplinarios por los mismos hechos.
b) El procedimiento se iniciará siempre de oficio, por acuerdo del órgano competente, bien por propia iniciativa, bien como consecuencia de orden superior, moción razonada de los subordinados o denuncia.
c) Los órganos competentes para la imposición de una sanción no podrán serlo para ordenar la incoación del correspondiente procedimiento.
d) De iniciarse el procedimiento como consecuencia de denuncia, deberá comunicarse dicho acuerdo al firmante de aquella. Asimismo, se debe comunicar el archivo de la denuncia, en su caso.

45. Al instructor y al secretario del procedimiento sancionador se les aplicarán las normas sobre abstención y recusación establecidas en la Ley 40/2015, de 1 de octubre, de Régimen Jurídico del Sector Público. La abstención y recusación se plantearán ante el órgano que acordó el nombramiento, el cual resolverá en el plazo de:

a) 3 días.
b) 10 días.
c) 15 días.
d) 20 días.

46. Según el artículo 23 del Régimen Disciplinario del Cuerpo Nacional de Policía, si el secretario interviniera en algunas de las pruebas practicadas en lugar del instructor:

a) Dichas pruebas se considerarán nulas.
b) Dichas pruebas se considerarán igualmente válidas.
c) Dichas pruebas se considerarán supletorias de las practicadas por el instructor.
d) Dichas pruebas se considerarán no realizadas y no repetibles.

47. Entre las condiciones que puedan prever las ordenanzas fiscales, podrán establecer:

a) Una bonificación de hasta el diez por ciento de la cuota a favor de los sujetos pasivos que domicilien sus deudas de vencimiento periódico en una entidad financiera, anticipen pagos o realicen actuaciones que impliquen colaboración en la recaudación de ingresos.
b) Una bonificación de hasta el seis por ciento de la cuota a favor de los sujetos pasivos que domicilien sus deudas de vencimiento periódico en una entidad financiera, anticipen pagos o realicen actuaciones que impliquen colaboración en la recaudación de ingresos.
c) Una bonificación de hasta el cinco por ciento de la cuota a favor de los sujetos pasivos que domicilien sus deudas de vencimiento periódico en una entidad financiera, anticipen pagos o realicen actuaciones que impliquen colaboración en la recaudación de ingresos.
d) Una bonificación de hasta el siete por ciento de la cuota a favor de los sujetos pasivos que domicilien sus deudas de vencimiento periódico en una entidad financiera, anticipen pagos o realicen actuaciones que impliquen colaboración en la recaudación de ingresos.

48. Según el artículo 55.4 del Estatuto de Autonomía de la Comunidad Valenciana, la Policía Judicial, de acuerdo con lo que regulan las Leyes procesales:

a) Se organizará al servicio, y bajo la vigilancia, de la Administración de Justicia.
b) Se organizará al servicio, y bajo la vigilancia, de la Generalitat Valenciana.
c) Se organizará al servicio de la Administración de Justicia, y bajo la vigilancia de la Generalitat Valenciana.
d) Se organizará al servicio de la Generalitat Valenciana, y bajo la vigilancia de la Administración de Justicia.

49. Según el artículo 55.5 del Estatuto de Autonomía de la Comunidad Valenciana, de acuerdo con la legislación estatal, se creará la Junta de Seguridad con representación paritaria del Estado y de la Generalitat, que coordinará las actuaciones de la Policía Autónoma y de los Cuerpos y Fuerzas de Seguridad del Estado, bajo la Presidencia de:

a) El Ministro del Interior.
b) El Conseller d`Interior.
c) El Presidente de la Generalitat.
d) El Delegado del Gobierno en Cataluña.

50. ¿En qué año se creó el Cuerpo General de la Policía Canaria como policía dependiente de la Comunidad Autónoma de Canarias?

a) 1985.
b) 1996.
c) 2000.
d) 2008.

51. Según la disposición adicional 10ª de la Ley 7/1985, de 2 de abril, Reguladora de las Bases del Régimen Local, se potenciará la participación de los Cuerpos de policía local en el mantenimiento de la seguridad ciudadana, como:

a) Policía urbana.
b) Policía informativa.
c) Policía de mediación.
d) Policía de proximidad.

52. ¿Cuál es el órgano competente para establecer las formas y procedimientos de colaboración entre los miembros de las Fuerzas y Cuerpos de Seguridad en el ámbito territorial de los municipios que tengan Cuerpo de policía propio?

a) La Subdelegación del Gobierno en la provincia.
b) La Junta Local de Seguridad.
c) La Alcaldía.
d) La concejalía competente en materia de seguridad.

53. La Presidencia de la Junta Local de Seguridad corresponderá:

a) Al Alcalde.
b) Al Subdelegado del Gobierno en la provincia.
c) Al Alcalde, salvo que concurriera a sus sesiones el Subdelegado del Gobierno en la Provincia, en cuyo caso la Presidencia corresponderá a este.
d) Al Alcalde, salvo que concurriera a sus sesiones el Subdelegado del Gobierno en la Provincia, en cuyo caso la Presidencia será compartida con este.

54. Según el art. 38 RD 769/87, la Comisión Nacional de Coordinación de la Policía Judicial celebrará al menos una reunión:

a) Quincenal.
b) Mensual.
c) Trimestral.
d) Semestral.

55. Las Policías Locales en sus funciones de Policía Judicial,................... a los Jueces, a los Tribunales y al Ministerio Fiscal en la investigación de los delitos y en el descubrimiento y detención de los delincuentes, cuando sean requeridas para ello. Señalar la palabra que falta:

a) Asesorarán.
b) Auxiliarán.
c) Representarán.
d) Acompañarán.

56. Sobre la base de los arts. 292 y 297 de la Ley de Enjuiciamiento Criminal, puede definirse como un documento previo a la actuación de los Jueces y Fiscales, considerado como denuncia a los efectos legales, en el que los funcionarios de Policía Judicial, orgánicamente considerados tales o actuando en función general como tal, ponen de manifiesto las diligencias practicadas, especificando con la mayor exactitud los hechos por ellos averiguados, insertando las declaraciones e informes recibidos y anotando todas las circunstancias que hubiesen observado y pudiesen ser prueba o indicio de delito:

a) El atestado.
b) El sumario.
c) El testimonio.
d) El auto.

57. La tolerancia del consumo ilegal o el tráfico de drogas tóxicas, estupefacientes o sustancias psicotrópicas en locales o establecimientos públicos o la falta de diligencia en orden a impedirlos por parte de los propietarios, administradores o encargados de los mismos:

a) Supone una infracción muy grave.
b) Supone una infracción grave.
c) Supone una infracción leve.
d) No supone una infracción.

58. Según el artículo 37 de la Ley Orgánica 4/2015, de 30 de marzo, de protección de la seguridad ciudadana, la proyección de haces de luz, mediante cualquier tipo de dispositivo, sobre miembros de las Fuerzas y Cuerpos de Seguridad para impedir o dificultar el ejercicio de sus funciones:

a) Supone una infracción muy grave.
b) Supone una infracción grave.

c) Supone una infracción leve.

d) No supone una infracción.

59. Según el artículo 49.3 de la Ley Orgánica 4/2015, de 30 de marzo, de protección de la seguridad ciudadana, salvo acuerdo debidamente motivado adoptado por el órgano competente, la duración de las medidas de carácter provisional no podrá exceder de:

a) 3 meses.

b) 6 meses.

c) 1 año.

d) La mitad del plazo previsto para la sanción que pudiera corresponder a la infracción cometida.

60. Se podrán establecer limitaciones de circulación, temporales o permanentes, en las vías objeto de la legislación sobre tráfico, circulación de vehículos a motor y seguridad vial, cuando así lo exijan las condiciones de seguridad o fluidez de la circulación. Las restricciones serán publicadas, en todo caso, en el Boletín Oficial del Estado, con una antelación mínima de:

a) 3 días hábiles.

b) 8 días hábiles.

c) 15 días naturales.

d) 20 días naturales.

61. Cuando las calzadas dispongan de más de un carril de circulación en cada sentido de marcha se podrá habilitar, por razones de fluidez de la circulación, carriles para su utilización en sentido contrario al habitual. Los usuarios de este tipo de carriles circularán siempre, al menos, con la luz de corto alcance o de cruce encendida, tanto de día como de noche, a una velocidad máxima de:

a) 90 km/h.

b) 80 km/h.

c) 70 km/h.

d) 60 km/h.

62. En las calzadas con doble sentido de la circulación y arcenes, cuando la anchura de la plataforma lo permita, la autoridad encargada de la regulación del tráfico podrá habilitar un carril adicional de circulación en uno de los sentidos de la marcha, mediante la utilización de elementos provisionales de señalización y balizamiento, que modifiquen la zona de rodadura de los vehículos en el centro de la calzada. Los vehículos que circulen por los arcenes y por dicho carril adicional lo harán a una velocidad máxima de:

a) 90 km/h.

b) 80 km/h.

c) 70 km/h.
d) 60 km/h.

63. El permiso de conducción de las clases C1, C1 + E, C, C + E, D1, D1 + E, D y D + E mientras su titular no cumpla los sesenta y cinco años, tendrá un período de vigencia de:

a) 3 años.
b) 5 años.
c) 7 años.
d) 10 años.

64. El permiso de conducción de las clases C1, C1 + E, C, C + E, D1, D1 + E, D y D + E cuando su titular haya cumplido los sesenta y cinco años, tendrá un período de vigencia de:

a) 3 años.
b) 5 años.
c) 7 años.
d) 10 años.

65. El permiso de conducción de las clases A y B mientras su titular no cumpla los sesenta y cinco años, tendrá un período de vigencia de:

a) 3 años.
b) 5 años.
c) 7 años.
d) 10 años.

66. La señal S-1. Autopista, es una señal:

a) De indicaciones generales.
b) De servicios.
c) De orientación.
d) De reglamentación.

67. La señal S-18. Lugar reservado para taxis, es una señal:

a) De reglamentación.
b) De advertencia de peligro.
c) De indicación de servicios.
d) De indicaciones generales.

68. La señal S-28. Calle residencial indica las zonas de circulación especialmente acondicionadas que están destinadas en primer lugar a los peatones y en las que los conductores deben conceder prioridad a los peatones y la velocidad máxima de los vehículos está fijada en:

a) 20 km/h.
b) 30 km/h.

c) 40 km/h.
d) 50 km/h.

69. ¿Qué Real Decreto regula las operaciones de transporte de mercancías peligrosas por carretera en territorio español?

a) El Real Decreto 11/2013, de 14 de febrero.
b) El Real Decreto 53/2013, de 2 de febrero.
c) El Real Decreto 90/2014, de 2 de febrero.
d) El Real Decreto 97/2014, de 14 de febrero.

70. En el caso de que, como consecuencia de accidentes o incidentes de cisternas de mercancías peligrosas, se vean afectados el depósito o sus equipos, los órganos competentes en la ordenación y el control de tráfico remitirán un informe fotográfico, relativo al estado de la cisterna, a:

a) La Dirección General de Protección Civil y Emergencias.
b) A la Dirección General de Transporte Terrestre.
c) La Comisión para la Coordinación del Transporte de Mercancías Peligrosas.
d) A las Delegaciones/Subdelegaciones del Gobierno de la provincia en la que el suceso se produzca.

71. ¿Cómo se denominan los transportes públicos de viajeros por carretera que se llevan a cabo sin sujeción a itinerario, calendario ni horario preestablecido?

a) Regulares.
b) Discrecionales.
c) Irregulares.
d) Extraordinarios.

72. Los vehículos de escuela de conductores están exentos de someterse a la inspección técnica periódica dentro de:

a) Un año desde su matriculación.
b) Dos años desde su matriculación.
c) Tres años desde su matriculación.
d) Cuatro años desde su matriculación.

73. Los vehículos dedicados al transporte de mercancías y cuya MMA no sea superior a 3,5 tm con una antigüedad de seis a diez años, pasarán la inspección técnica periódica:

a) Cada seis meses.
b) Cada tres años.
c) Cada cinco años.
d) Cada año.

74. Indica cuándo se considera no implicado un vehículo en un accidente de tráfico:

a) Cuando un vehículo esté estacionado en forma peligrosa.
b) Cuando entre en colisión con otro vehículo en movimiento.
c) Cuando haya sido arrollado el conductor por otro en movimiento.
d) Cuando esté estacionado un vehículo en zona azul.

75. Se consideran peatón o peatones:

a) Toda persona que, tras haber abandonado su vehículo, es arrollada mientras se aleja del mismo caminando.
b) Quienes empujan o arrastran un coche de niño o de una persona con movilidad reducida o cualquier otro vehículo sin motor de pequeñas dimensiones.
c) Los que conducen a pie un ciclo, ciclomotor o motocicleta.
d) Todas las respuestas anteriores son correctas.

76. Cuando el que ha resuelto cometer un delito invita a otra u otras personas a participar en él, hablamos de:

a) Provocación.
b) Proposición.
c) Conspiración.
d) Apología.

77. ¿Cuándo prescriben las penas impuestas por delitos de terrorismo, si estos hubieren causado la muerte de una persona?

a) A los diez años.
b) A los quince años.
c) A los veinte años.
d) No prescriben nunca.

78. Si un sicario no cobra después de cometer el delito de homicidio:

a) El sicario no ha cometido un delito de homicidio, sino un delito de asesinato.
b) Se aprecia la circunstancia agravante.
c) Hay concurso de delitos entre el homicidio y la estafa.
d) Sería un atenuante genérico.

79. Entre los elementos necesarios para que se dé el delito de asesinato hay uno que no es correcto:

a) Alevosía.
b) Ensañamiento.
c) Reincidencia.
d) Precio, recompensa o promesa.

80. Existe la posibilidad de tentativa en el delito de bigamia:

a) No.
b) Sí.
c) No, siempre tiene que existir la consumación.
d) Ninguna respuesta es correcta.

81. Para que sea castigada la inducción a un menor de edad o incapaz a que abandone el domicilio familiar debe de ser:

a) De forma consciente y dolosa.
b) Dolosa.
c) Dolosa, de forma consciente e intencional.
d) Dolosa o por imprudencia grave.

82. El que con violencia o intimidación en las personas ocupare una cosa inmueble o usurpare un derecho real inmobiliario de pertenencia ajena, comete un delito de:

a) Defraudación.
b) Allanamiento de morada.
c) Usurpación.
d) Estafa.

83. ¿Qué pena se contempla en el Código Penal, para el que ocupare, sin autorización debida, un inmueble, vivienda o edificio ajenos que no constituyan morada, o se mantuviere en ellos contra la voluntad de su titular?

a) Pena de prisión.
b) Pena de multa.
c) Está conducta no es sancionada penalmente, sino de forma administrativa.
d) Prisión y multa.

84. El delito de usurpación de funciones públicas, solo puede llevarse a cabo de forma:

a) Dolosa.
b) Por imprudencia grave.
c) Tanto dolosa como imprudente.
d) Por imprudencia grave o leve.

85. El que ejerciere actos propios de una profesión sin poseer el correspondiente título académico expedido o reconocido en España de acuerdo con la legislación vigente, comete un delito de:

a) Usurpación de funciones públicas.
b) Intrusismo.

c) Competencia desleal.
d) Estafa.

86. Los que acometan a un agente de la autoridad o funcionario público, cuando se halle ejecutando las funciones de su cargo o con ocasión de ella, serán reos de:

a) Sedición.
b) Atentado.
c) Altercado.
d) Terrorismo.

87. ¿Quién puede ser el sujeto pasivo en un delito de resistencia?

a) Cualquiera.
b) Solo la autoridad o sus agentes.
c) Los agentes de la autoridad, funcionarios públicos y particulares.
d) Los agentes de la autoridad, funcionarios públicos o el personal de seguridad privada, debidamente identificado, que desarrolle actividades de seguridad privada en cooperación y bajo el mando de las Fuerzas y Cuerpos de Seguridad.

88. ¿En qué grado de dependencia se encuadraría a una persona que necesita ayuda para realizar varias actividades básicas de la vida diaria, al menos una vez al día?

a) Grado I.
b) Grado II.
c) Grado III.
d) Grado IV.

89. Indica cuál de los siguientes no es uno de los rasgos característicos del perfil del delincuente juvenil:

a) Sin habilidades sociales.
b) Falto de afectividad.
c) Fracasado escolar.
d) Con alta autoestima.

90. Los ascendientes que hubieran adquirido la residencia en virtud de una previa reagrupación podrán ejercer este derecho sin necesidad de haber adquirido la residencia de larga duración respecto de:

a) Sus hijos menores de edad, únicamente.
b) Su cónyuge o persona con la que se encuentre ligado en relación de afectividad.
c) Su cónyuge o persona con relación análoga y sus hijos.
d) Todos sus familiares.

91. Son situaciones legales de los extranjeros en España:

a) La estancia y la residencia.
b) La estancia, residencia y el visado.
c) La estancia, residencia, visado y permiso de trabajo.
d) La estancia, residencia y visado permanente.

92. El resultado de la adaptación del organismo a las drogas es:

a) La dependencia física.
b) La sobredosis.
c) La dependencia psíquica.
d) La tolerancia.

93. El ritmo de eliminación del alcohol del organismo es de:

a) 10-12 g/hora.
b) 1 litro al día.
c) Depende del nivel de alcoholemia.
d) 7-8 gramos/hora.

94. La heroína es:

a) Un opiáceo.
b) Un Psicofármaco.
c) Un alcaloide.
d) Un hongo.

95. El Programa de metadona:

a) Está dirigido a consumidores de psicofármacos.
b) Se utiliza para pacientes que han logrado desintoxicarse.
c) Pretende suprimir el consumo ilegal de opiáceos.
d) Se aplica habitualmente en régimen de ingreso hospitalario.

96. Es un recurso propio de las desintoxicaciones en régimen de internamiento:

a) Las unidades de desintoxicación hospitalaria.
b) Las viviendas de apoyo al tratamiento de metadona.
c) Las Comunidades Terapéuticas.
d) Las letras a) y c) son correctas.

97. Los miembros de las Fuerzas o Institutos armados o de los Cuerpos sometidos a disciplina militar tienen restringido el ejercicio colectivo del derecho:

a) De asociación.
b) De participación en los asuntos públicos.

c) De reunión.
d) De petición.

98. La restricción del ejercicio del derecho al sufragio pasivo de los militares profesionales y miembros de las Fuerzas y Cuerpos de Seguridad y Policía afecta:

a) A todos sus miembros.
b) Solo a los militares.
c) Solo a los militares y guardias civiles.
d) Solo a aquellos de sus miembros que se encuentren en activo.

99. Según el "Código de conducta para funcionarios encargados de hacer cumplir la ley", los agentes asegurarán la plena protección de la salud de las personas, y en especial, para:

a) Quienes se encuentren bajo su custodia.
b) Cualquier persona que no se encuentre detenida.
c) Las víctimas.
d) Los compañeros de profesión.

100. El artículo 1 del "Código de conducta para funcionarios encargados de hacer cumplir la ley" entiende como tales a:

a) Cualquier Agente con facultades de arresto o detención.
b) Solo a los militares.
c) Solo a los Agentes de Policía democráticamente elegidos.
d) Solo a los Agentes de Policía, nombrados o elegidos.

Solución al simulacro n.º 5

1. a) El Rey.

2. c) En el artículo 25.

3. a) El mantenimiento del orden público.

4. c) Ningún español de origen puede ser privado de su nacionalidad.

5. b) El artículo 12.

6. b) No tiene limitación alguna para los funcionarios públicos.

7. d) No señala plazo, sino que ordena su inmediata publicación.

8. c) Nombrar y relevar a los miembros civiles y militares de su Casa.

9. c) Sanción y promulgación.

10. b) Dos cada una de ellas.

11. d) Las Cortes Generales.

12. c) La jurisdicción es única.

13. b) La Sala Segunda.

14. d) De Apelación, de lo Penal, de lo Contencioso-Administrativo y de lo Social.

15. c) El Ayuntamiento.

16. a) Aprobar los Reales Decretos-Leyes y los Reales Decretos Legislativos.

17. d) Todas son correctas.

18. c) El Fondo de Compensación Interterritorial.

19. d) La autonomía.

20. c) En los municipios de más de 5.000 habitantes.

21. c) Ilustrísima.

22. d) Las atribuciones que el Alcalde u otro órgano municipal le delegue.

23. c) Trimestralmente.

24. d) Todas son correctas.

25. a) Administrado simple y administrado cualificado.

26. c) Su contenido, la materia que regulan unas y otras.

27. a) Las de transferencia o delegación.

28. d) Leyes Marco.

29. c) Una sola vez y en una hora distinta dentro de los tres días siguientes.

30. d) Ninguno.

31. d) Todas son correctas.

32. c) En cualquier momento.

33. a) Diez días.

34. d) Las respuestas b) y c) son ciertas.

35. b) Deberán ser más gravosas para el infractor que el beneficio obtenido con su comisión.

36. c) Al año.

37. a) La caducidad del mismo.

38. c) Que ha sido denegada.

39. d) La Junta de Gobierno Local.

40. c) Es una forma de gestión directa prevalente sobre otras modalidades.

41. a) Durante los dos primeros meses de esta excedencia.

42. b) Veintidós días hábiles, o de los días que correspondan proporcionalmente si el tiempo de servicio durante el año fue menor.

43. d) Todas las respuestas son correctas.

44. c) Los órganos competentes para la imposición de una sanción no podrán serlo para ordenar la incoación del correspondiente procedimiento.

45. a) 3 días.

46. a) Dichas pruebas se considerarán nulas.

47. c) Una bonificación de hasta el cinco por ciento de la cuota a favor de los sujetos pasivos que domicilien sus deudas de vencimiento periódico en una entidad financiera, anticipen pagos o realicen actuaciones que impliquen colaboración en la recaudación de ingresos.

48. a) Se organizará al servicio, y bajo la vigilancia, de la Administración de Justicia.

49. c) El Presidente de la Generalitat.

50. d) 2008.

51. d) Policía de proximidad.

52. b) La Junta Local de Seguridad.

53. d) Al Alcalde, salvo que concurriera a sus sesiones el Subdelegado del Gobierno en la Provincia, en cuyo caso la Presidencia será compartida con este.

54. c) Trimestral.

55. b) Auxiliarán.

56. a) El atestado.

57. b) Supone una infracción grave.

58. c) Supone una infracción leve.

59. d) La mitad del plazo previsto para la sanción que pudiera corresponder a la infracción cometida.

60. b) 8 días hábiles.

61. b) 80 km/h.

62. b) 80 km/h.

63. b) 5 años.

64. a) 3 años.

65. d) 10 años.

66. a) De indicaciones generales.

67. d) De indicaciones generales.

68. a) 20 km/h.

69. d) El Real Decreto 97/2014, de 14 de febrero.

70. c) La Comisión para la Coordinación del Transporte de Mercancías Peligrosas.

71. b) Discrecionales.

72. b) Dos años desde su matriculación.

73. d) Cada año.

74. d) Cuando esté estacionado un vehículo en zona azul.

75. d) Todas las respuestas anteriores son correctas.

76. b) Proposición.

77. d) No prescriben nunca.

78. a) El sicario no ha cometido un delito de homicidio, sino un delito de asesinato.

79. c) Reincidencia.

80. b) Sí.

81. c) Dolosa, de forma consciente e intencional.

82. c) Usurpación.

83. b) Pena de multa.

84. a) Dolosa.

85. b) Intrusismo.

86. b) Atentado.

87. d) Los agentes de la autoridad, funcionarios públicos o el personal de seguridad privada, debidamente identificado, que desarrolle actividades de seguridad privada en cooperación y bajo el mando de las Fuerzas y Cuerpos de Seguridad.

88. a) Grado I.

89. d) Con alta autoestima.

90. a) Sus hijos menores de edad, únicamente.

91. a) La estancia y la residencia.

92. d) La tolerancia.

93. d) 7-8 gramos/hora.

94. a) Un opiáceo.

95. c) Pretende suprimir el consumo ilegal de opiáceos.

96. d) Las letras a) y c) son correctas.

97. d) De petición.

98. d) Solo a aquellos de sus miembros que se encuentren en activo.

99. a) Quienes se encuentren bajo su custodia.

100. a) Cualquier Agente con facultades de arresto o detención.

SIMULACRO N.º 6

1. ¿Qué límites señala la Constitución Española al uso de la informática?

a) Ninguno.
b) El honor de los ciudadanos.
c) La intimidad personal y familiar de los ciudadanos y el pleno ejercicio de sus derechos.
d) Las respuestas b) y c) son correctas.

2. ¿De cuántas Salas se compone el Tribunal Constitucional?

a) De dos, compuesta cada una por cinco Magistrados.
b) De dos, compuesta cada una por seis Magistrados.
c) De las que determine en cada legislatura el Pleno del Tribunal Constitucional.
d) De tres, compuesta cada una por cuatro Magistrados.

3. ¿De cuántos miembros se compone el Tribunal Constitucional?

a) De doce, cuatro a propuesta del Congreso, cuatro a propuesta del Senado y cuatro a propuesta del Gobierno.
b) De once, cuatro a propuesta del Congreso, cuatro a propuesta del Senado, dos a propuesta del Gobierno y uno a propuesta del Consejo General del Poder Judicial.
c) De doce, cuatro a propuesta del Congreso, cuatro a propuesta del Senado, dos a propuesta del Gobierno y dos a propuesta del Consejo General del Poder Judicial.
d) De doce, cuatro a propuesta del Congreso, cuatro a propuesta del Senado y cuatro a propuesta del Consejo General del Poder Judicial.

4. El Presidente del Tribunal Constitucional es elegido por:

a) Nueve años.
b) Seis años.
c) Cuatro años.
d) Tres años.

5. Conforme al artículo 166 de la Constitución Española, la iniciativa de reforma constitucional corresponde:

a) Al Gobierno.
b) Al Congreso y al Senado.

c) A las Asambleas de las Comunidades Autónomas.
d) Todas son correctas.

6. ¿Cuáles son las funciones del Presidente del Tribunal Constitucional?

a) Instar al Ministerio para la Transformación Digital y de la Función Pública la convocatoria para cubrir las plazas de Secretarios Judiciales.
b) Ejercer el derecho de gracia con arreglo a la ley.
c) La inspección de Juzgados y tribunales.
d) Comunicar a las Cámaras, al Gobierno o al Consejo General del Poder Judicial, en cada caso, las vacantes.

7. Señala la respuesta incorrecta respecto al Senado:

a) Las poblaciones de Ceuta y Melilla elegirán cada una de ellas dos Senadores.
b) En cada Provincia se elegirán cuatro Senadores por sufragio universal, libre, igual, directo y secreto por los votantes de cada una de ellas.
c) El Senado es la Cámara de representación territorial.
d) Las Comunidades Autónomas designarán, además, un Senador y otro más por cada medio millón de habitantes de su respectivo territorio.

8. Si no hubiere ninguna persona a quien corresponda la Regencia, esta será nombrada por las Cortes Generales, y se compondrá de:

a) Una única persona.
b) Una o dos personas.
c) Una, tres o cinco personas.
d) De tres a seis personas.

9. ¿Quién será tutor del Rey menor conforme al artículo 60 de la Constitución en primer lugar?

a) La persona que en su testamento hubiese nombrado el Rey difunto.
b) El Regente.
c) El que nombren las Cortes Generales por mayoría absoluta.
d) El pariente de mayor edad más próximo a suceder en la Corona.

10. El Defensor del Pueblo, por las opiniones que formule o actos en el ejercicio de su cargo:

a) Goza de inmunidad.
b) Goza de inviolabilidad.
c) Las dos anteriores son correctas.
d) Ninguna es correcta.

11. De acuerdo con los artículos 143 y 144 de la CE, las Comunidades Autónomas pueden formarse por:

a) Los territorios insulares.
b) Los territorios que estén integrados en la organización provincial.
c) Las provincias limítrofes con características históricas, culturales y sociales comunes.
d) Todas son correctas.

12. Señala cuál de las siguientes no es sala del Tribunal Superior de Justicia:

a) De lo Social.
b) De lo Penal.
c) De lo Contencioso-Administrativo.
d) Todas son correctas.

13. Los titulares de los Juzgados de Paz serán elegidos por un mínimo de:

a) 4 años.
b) 5 años.
c) 6 años.
d) 10 años.

14. ¿Qué Juzgados asumen por delegación el funcionamiento de los Registros Civiles?

a) Los Juzgados de Primera Instancia e Instrucción.
b) Los Juzgados de lo Mercantil.
c) Los Juzgados de Paz.
d) Los Juzgados de lo Contencioso-Administrativo.

15. ¿De cuántos miembros se compone el Consejo General del Poder Judicial?

a) De veinte Vocales más el Presidente del Tribunal Supremo.
b) De veinte miembros más el Presidente del Tribunal Constitucional.
c) De veintiún Vocales.
d) De veinte miembros nombrados por un período de seis años.

16. ¿Qué no debe especificar el Real Decreto de creación de las Comisiones Delegadas del Gobierno?

a) Las funciones que se atribuyen a la Comisión.
b) La dotación presupuestaria.
c) El miembro del Gobierno que asume su presidencia.
d) El miembro de la Comisión al que corresponde la Secretaría de la misma.

17. ¿Quién integra y preside la Comisión General de Secretarios de Estado y Sub-secretarios?

a) Está integrada por los Secretarios de Estado y los Subsecretarios de los distintos departamentos ministeriales, y es presidida por un Vicepresidente de Gobierno o en su defecto el Ministro de Hacienda.

b) Está integrada por los Secretarios de Estado y los Subsecretarios de los distintos departamentos ministeriales, y es presidida por un Vicepresidente de Gobierno o, en su defecto, el Ministro de la Presidencia.

c) La integra los Secretarios de Estado y los Subsecretarios de los distintos departamentos ministeriales y es presidida por el Presidente del Gobierno.

d) La integra los Secretarios de Estado y los Subsecretarios de los distintos departamentos ministeriales y es presidida por el Presidente del Consejo de Estado.

18. ¿Cuál de las siguientes es competencia reservada al Estado en virtud del artículo 149 de la Constitución?

a) Legislación sobre productos sanitarios.

b) La artesanía.

c) Los montes y aprovechamientos forestales.

d) La agricultura y la ganadería, de acuerdo con la ordenación general de la economía.

19. Las Entidades Locales tienen reconocidas una serie de potestades en defensa de todos sus bienes, entre las cuales no se encuentra:

a) Recuperar a instancia de parte la posesión indebidamente perdida sobre sus bienes y derechos.

b) Deslindar en vía administrativa los inmuebles de su titularidad.

c) Investigar la situación de los bienes y derechos que presumiblemente pertenezcan a su patrimonio.

d) Todas las respuestas anteriores son potestades de las Entidades Locales.

20. ¿Cuál de los siguientes servicios debe de ser prestado por todos los municipios con independencia de su población?

a) Tratamiento de residuos.

b) Protección del medio ambiente.

c) Acceso a los núcleos de población.

d) Todas son correctas.

21. Las Entidades Locales integradas por los Municipios de grandes aglomeraciones urbanas, entre cuyos núcleos de población existen vinculaciones económicas y sociales que hacen necesaria la planificación conjunta y la coordinación de determinados servicios y obras, se denominan:

a) Comarcas.

b) Áreas Metropolitanas.

c) Distritos.
d) Mancomunicipios.

22. ¿Entre quién nombra el Alcalde a los Tenientes de Alcalde?

a) Entre los concejales que formen parte de la Junta de Gobierno Local.
b) No los nombra el Alcalde sino el Pleno del Ayuntamiento.
c) Entre los integrantes del Consejo Social de la Ciudad.
d) Ninguna es correcta.

23. ¿Qué artículo de la Constitución Española da un reconocimiento indirecto a las Entidades Comarcales en virtud del cual "se pueden crear agrupaciones de Municipios diferentes de la Provincia"?

a) Artículo 140.
b) Artículo 141.
c) Artículo 142.
d) Artículo 148.

24. Para la válida constitución del Pleno de las Corporaciones se requerirá la presencia de un número mínimo legal de miembros que será:

a) Diez.
b) Cinco.
c) Tres.
d) Los que determine cada Pleno por mayoría.

25. ¿Qué tipo de administrado es aquel que se encuentra respecto de la Administración en un estado de sujeción especial que puede derivar, por ejemplo, de la relación funcionarial o de la realización de una prestación personal?

a) Administrado simple.
b) Administrado cualificado.
c) Administrado privilegiado.
d) Administrado vinculado.

26. Mediante su remisión a la Mesa del Congreso, las Asambleas legislativas de las Comunidades Autónomas podrán:

a) Solicitar la adopción de un Proyecto de Ley.
b) Realizar una Proposición de Ley.
c) Dictar una Ley.
d) Activar la iniciativa popular.

27. La iniciativa popular:

a) Requiere para que sea admitida a trámite, que se hayan recogido 500.000 firmas previamente.

b) Es presentada por la Mesa del Congreso ante el Gobierno, que declarará su admisibilidad.

c) Debe ser admitida a trámite por la Junta Electoral Central.

d) Es tramitada en el Parlamento en la forma prevista para el resto de Leyes.

28. En caso de que el Senado vete un Proyecto de Ley aprobado por el Congreso de los Diputados:

a) Deberá ser inmediatamente sometido al Rey para su sanción.

b) Procederá la retirada de dicha la iniciativa legislativa.

c) Exigirá para su aprobación que el Congreso ratifique el texto inicial por mayoría.

d) Se tramitará como si de una Proposición de Ley se tratara.

29. Las solicitudes, escritos y comunicaciones que los ciudadanos dirijan a los órganos de las Administraciones Públicas podrán presentarse:

a) En las Oficinas de Correos.

b) En los registros de los órganos administrativos a que se dirijan.

c) En las representaciones diplomáticas u oficinas consulares de España en el extranjero.

d) Todas son correctas.

30. Según se manifiesten formalmente, por escrito generalmente, o surjan al exterior en virtud del mecanismo del silencio administrativo, los actos administrativos serán:

a) Simples y complejos.

b) Definitivos y de trámite.

c) Singulares y generales.

d) Expresos y presuntos.

31. Cuando el interesado o su representante rechace una notificación de una actuación administrativa:

a) Se evita así los efectos de la inmediata eficacia del acto.

b) La notificación se practicará utilizando medios telemáticos.

c) Se hará constar en el expediente, especificándose las circunstancias del intento de la notificación y se tendrá por notificado.

d) Se intentará la notificación una sola vez y en una hora distinta dentro de los tres días siguientes.

32. ¿Cómo se denominan las alegaciones formuladas en el curso de un procedimiento, especialmente cuando se canalizan a través del trámite de información pública?

a) Reclamaciones.
b) Recursos.
c) Sugerencias.
d) Peticiones.

33. ¿De qué plazo disponen los interesados para formular alegaciones y presentar los documentos y justificantes que estimen procedentes, cuando hayan de tenerse en cuenta nuevos hechos o documentos no recogidos en el expediente originario?

a) Quince días.
b) Diez días.
c) Un mes.
d) Un plazo no inferior a diez días ni superior a quince.

34. Las propuestas de resolución en los procedimientos de carácter sancionador, así como los actos que resuelvan procedimientos de carácter sancionador o de responsabilidad patrimonial:

a) Presumirán la existencia de responsabilidad mientras no se demuestre lo contrario.
b) No exigen motivación cuando existan pruebas de la culpabilidad del infractor.
c) Deberán contar con una sucinta relación de hechos y fundamentos de derecho que motiven la resolución.
d) Solo serán notificadas al interesado cuando este lo exija.

35. Las actuaciones orientadas a determinar, con la mayor precisión posible, los hechos susceptibles de motivar la incoación de un procedimiento sancionador así como la identificación de los responsables, se denomina trámite de:

a) Ordenación.
b) Actuaciones previas.
c) Medidas provisionales.
d) Instrucción.

36. La creación, modificación, refundición y supresión de entidades públicas empresariales locales corresponderá:

a) Al Pleno de la corporación.
b) Al Alcalde.
c) A la Junta de Gobierno Local.
d) Al funcionario encargado de su dirección.

37. El contrato público que tiene por objeto la realización de una obra por la que se percibe un precio y el derecho a explotar la misma se denomina:

a) Contrato de concesión de obra.
b) Contrato de obra.
c) Contrato de cesión de obra.
d) Contrato de explotación de obra.

38. ¿A quién corresponde el nombramiento y cese del personal eventual en los Municipios de gran población?

a) Al Alcalde.
b) Al Presidente de la Entidad Local.
c) A la Junta de Gobierno Local.
d) Todas las respuestas son correctas.

39. Señala la respuesta incorrecta:

a) Es personal directivo el que desarrolla funciones directivas profesionales en las Administraciones Públicas, definidas como tales en las normas específicas de cada Administración.
b) Su designación atenderá a principios de mérito y capacidad y a criterios de idoneidad, y se llevará a cabo mediante procedimientos que garanticen la publicidad y concurrencia.
c) El personal directivo estará sujeto a evaluación con arreglo a los criterios de eficacia y eficiencia, responsabilidad por su gestión y control de resultados en relación con los objetivos que les hayan sido fijados.
d) Cuando el personal directivo reúna la condición de personal funcionarial estará sometido a la relación funcionarial de carácter especial de alta secretaría.

40. Según el artículo 23.2 de la Ley Orgánica 4/2010, de 20 de mayo, del Régimen Disciplinario del Cuerpo Nacional de Policía, cuando se propusiera una prueba testifical, se acompañará de:

a) Una declaración jurada.
b) Un aval bancario.
c) Una exposición de motivos.
d) Un pliego de preguntas.

41. Según el artículo 23.3 de la Ley Orgánica 4/2010, de 20 de mayo, del Régimen Disciplinario del Cuerpo Nacional de Policía, el instructor podrá denegar de oficio la práctica de las pruebas que no se concreten a los hechos por los que se procede y todas las demás que sean, a su juicio, impertinentes o inútiles:

a) Denegación que deberá motivarse y sin que quepa contra ella recurso alguno.
b) Denegación que no precisa motivación y sin que quepa contra ella recurso alguno.

c) Denegación que precisa motivarse, pudiéndose interponer recurso ante ella.

d) Denegación que no precisa motivación, cabiendo recurso contra ella.

42. ¿Cuál de los siguientes es un impuesto facultativo para los Ayuntamientos?

a) Impuesto sobre el Incremento de Valor de los Terrenos de Naturaleza Urbana.

b) Impuesto Municipal sobre la Radicación.

c) Impuesto Municipal sobre Solares.

d) Contribuciones Territoriales Rústica.

43. ¿Cuál de los siguientes Estatutos de Autonomía reconoce expresamente a la Comunidad Autónoma la competencia para crear un cuerpo de policía autonómica propia?

a) Estatuto de Autonomía de la Comunidad de Madrid.

b) Estatuto de Autonomía de La Rioja.

c) Estatuto de Autonomía de Extremadura.

d) Estatuto de Autonomía del Principado de Asturias.

44. Conforme al artículo 43 de la Ley Orgánica de las Fuerzas y Cuerpos de Seguridad, los mandos de los Cuerpos de Policía Autonómica serán designados:

a) Entre Jefes Oficiales y Mandos de las Policías locales de los municipios de la Comunidad Autónoma.

b) Entre militares de alto rango de la Región Militar a la que pertenezca la Comunidad Autónoma.

c) Entre funcionarios de los Grupos A y B de las distintas Administraciones Públicas.

d) Entre Jefes, Oficiales y Mandos de las Fuerzas Armadas y de las Fuerzas y Cuerpos de Seguridad del Estado.

45. El Real Decreto 1087/2010, de 3 de septiembre, por el que se aprueba el Reglamento que regula las Juntas Locales de Seguridad, se aplica a:

a) Las Comunidades Autónomas con Cuerpo de Policía propio, con competencia para la protección de las personas y bienes y para el mantenimiento del orden público.

b) Todas las Comunidades Autónomas.

c) A los municipios con regulación especial reflejada en ley estatal o autonómica.

d) A municipios o agrupaciones de municipios con Cuerpo de Policía propio.

46. La constitución de la Junta Local de Seguridad se llevará a cabo mediante:

a) Acuerdo del Alcalde del Municipio y del Delegado del Gobierno en la Comunidad Autónoma.

b) Real Decreto del Consejo de Ministros, a propuesta del Pleno municipal y previo informe del Delegado del Gobierno en la Comunidad Autónoma.

c) Decreto del Consejo de Gobierno de la Comunidad Autónoma, a propuesta del Pleno del Ayuntamiento.

d) Bando del Alcalde del Municipio.

47. Conforme al art. 297 LECr, a los efectos legales, los atestados, con respecto al hecho constatado y al autor a quien se imputa, se considerarán:

a) Prueba legítima de cargo.
b) Prueba documental.
c) Denuncia.
d) Informe pericial.

48. Según el artículo 17.2 de la Constitución, la detención preventiva no podrá durar más del tiempo estrictamente necesario para la realización de las averiguaciones tendentes al esclarecimiento de los hechos, y, en todo caso, el detenido deberá ser puesto en libertad o a disposición de la Autoridad Judicial, en el plazo máximo de:

a) 24 horas.
b) 48 horas.
c) 72 horas.
d) 90 horas.

49. Según el artículo 50 de la Ley Orgánica 4/2015, de 30 de marzo, de protección de la seguridad ciudadana, el procedimiento sancionador caducará transcurrido desde su incoación sin que se haya notificado la resolución:

a) 6 meses.
b) 1 año.
c) 18 meses.
d) 2 años.

50. Según el artículo 53.2 de la Ley Orgánica 4/2015, de 30 de marzo, de protección de la seguridad ciudadana, el cumplimiento de la sanción de suspensión de las licencias, autorizaciones o permisos se iniciará transcurrido desde que la sanción haya adquirido firmeza en vía administrativa:

a) 1 mes.
b) 2 meses.
c) 3 meses.
d) 15 días.

51. Se circulará a velocidad moderada al aproximarse a pasos a nivel, glorietas e intersecciones en que no se goce de prioridad, a lugares de reducida visibilidad o a estrechamientos. Si las intersecciones están debidamente señalizadas y la visibilidad de la vía es prácticamente nula, la velocidad de los vehículos no deberá exceder de:

a) 60 km/h.
b) 50 km/h.
c) 40 km/h.
d) 30 km/h.

52. ¿Cuál es la velocidad máxima en autopistas y autovías de los camiones, vehículos articulados, tractocamiones, furgones y automóviles con remolque de hasta 750 kilogramos?

a) 90 km/h.
b) 100 km/h.
c) 80 km/h.
d) 110 km/h.

53. El permiso de conducción de las clases A y B cuando su titular haya cumplido los sesenta y cinco años, tendrá un período de vigencia de:

a) 3 años.
b) 5 años.
c) 7 años.
d) 10 años.

54. Para conducir vehículos que transporten mercancías peligrosas, cuando así lo requieran las disposiciones del Acuerdo Europeo sobre Transporte Internacional de mercancías peligrosas por carretera, se exigirá una autorización administrativa especial que habilite para ello, para la que se requiere estar en posesión del permiso de conducción ordinario en vigor de la clase B, al menos, con una antigüedad mínima de:

a) 1 año.
b) 2 años.
c) 3 años.
d) 4 años.

55. NO es un tipo de señal de orientación:

a) Señales de identificación de carreteras.
b) Señales de uso específico en poblado.
c) Señales de confirmación.
d) Señales de indicación de servicios.

56. Las señales de preseñalización se colocarán a una distancia adecuada de la intersección para que su eficacia sea máxima, tanto de día como de noche, teniendo en cuenta las condiciones viales y de circulación, especialmente la velocidad habitual de los vehículos y la distancia a la que sea visible dicha señal. Esta distancia deberá ser en las autopistas y autovías, por lo menos, de:

a) 1.000 metros.
b) 500 metros.
c) 250 metros.
d) 100 metros.

57. Por razón de su objeto, los transportes se clasifican en:

a) Regulares y discrecionales.
b) Interiores e internacionales.
c) De viajeros y de mercancías.
d) Ordinarios y especiales.

58. ¿Qué Real Decreto ha venido a modificar el Reglamento de la Ley de Ordenación de los Transportes Terrestres y otras normas reglamentarias en materia de formación de los conductores de los vehículos de transporte por carretera, de documentos de control en relación con los transportes por carretera, de transporte sanitario por carretera, de transporte de mercancías peligrosas y del Comité Nacional del Transporte por Carretera?

a) El Real Decreto 23/2019, de 12 de febrero.
b) El Real Decreto 35/2019, de 1 de abril.
c) El Real Decreto 70/2019, de 15 de febrero.
d) El Real Decreto 90/2019, de 30 de marzo.

59. Las ambulancias con más de cinco años pasarán la inspección técnica periódica:

a) Cada seis meses.
b) Cada dos años.
c) Cada tres años.
d) Cada año.

60. Tienen carácter de subvención:

a) Las prestaciones contributivas y no contributivas del Sistema de la Seguridad Social.
b) Las pensiones asistenciales por ancianidad a favor de los españoles no residentes en España, en los términos establecidos en su normativa reguladora.
c) Las prestaciones reconocidas por el Fondo de Garantía Salarial.
d) Las becas otorgadas por las corporaciones locales.

61. Se considera como causa mediata:

a) Un adelantamiento prohibido.
b) El trazado de una vía.
c) Un error de cálculo.
d) Hacer caso omiso a determinadas señales.

62. Se considera como causa inmediata:

a) Un error en la evasión.
b) El estado de conservación de los elementos mecánicos de un coche.
c) El estado del firme.
d) La fatiga del conductor.

63. ¿Cuándo prescribe un delito menos grave cometido por un menor de edad?

a) Al mes.
b) A los tres meses.
c) Al año.
d) A los dos años.

64. La detención de un menor por funcionarios de policía no podrá durar más del tiempo estrictamente necesario para la realización de las averiguaciones tendentes al esclarecimiento de los hechos, y, en todo caso, el menor detenido deberá ser puesto en libertad o a disposición del Ministerio Fiscal, dentro del plazo máximo de:

a) Doce horas.
b) Veinticuatro horas.
c) Cuarenta y ocho horas.
d) Setenta y dos horas.

65. ¿En qué Título del Código Penal vienen recogidos los delitos contra la libertad?

a) En el Título IV.
b) En el Título V.
c) En el Título VI.
d) En el Título III.

66. Para apreciar el tipo atenuado de detención ilegal en los casos en que el culpable da libertad al detenido dentro de los tres primeros días de su detención, es preciso que el sujeto activo:

a) Se haya presentado inmediatamente a la Autoridad.
b) No haya logrado el objeto que se había propuesto.
c) No haya visto cumplida la condición exigida para poner en libertad al detenido.
d) Todas las respuestas son correctas.

67. Un inmigrante ilegal contrae matrimonio con dos mujeres según el derecho de su país de origen. ¿Comete por ello delito en España?

a) Solo es típico si contrae matrimonio con la segunda en España.
b) Sí, es típico porque es un inmigrante ilegal.
c) No es típico en ningún caso.
d) No debido a su situación irregular.

68. Si el acusado de un delito de calumnia prueba la veracidad de las acusaciones:

a) Quedará exento de pena.
b) Se le atenúa la responsabilidad.

c) En la calumnia no cabe la prueba de la verdad de la imputación.
d) Se le atenúa la responsabilidad en un grado.

69. Señala el art. 246 C.P, que será castigado con la pena de multa de tres a dieciocho meses, el que alterare términos o lindes de pueblos o heredades o cualquier clase de señales o mojones destinados a fijar los límites de propiedades o demarcaciones de predios contiguos, de dominio:

a) Público.
b) Privado.
c) Comunal.
d) Tanto de dominio público como privado.

70. Los que con ánimo de lucro, utilizaren engaño bastante para producir error en otro, induciéndolo a realizar un acto de disposición en perjuicio propio o ajeno, cometen un delito de:

a) Estafa.
b) Amenazas.
c) Coacciones.
d) Robo.

71. El delito de intrusismo solo puede cometerse de forma:

a) Imprudente.
b) Dolosa.
c) Dolosa o por imprudencia grave.
d) Todas las respuestas anteriores son correctas.

72. ¿En qué Título, del Libro II del Código Penal, se regulan las falsedades?

a) En el Título XV.
b) En el Título XVII.
c) En el Título XVIII.
d) En el Título XIX.

73. Para que el tipo de resistencia o de desobediencia pueda llegar alcanzar relevancia típica, es necesario:

a) Que la resistencia o desobediencia se dé contra funcionarios públicos, agentes de la autoridad o personal de seguridad privada.
b) Que la resistencia sea grave, no siendo así con la desobediencia pudiendo ser leve.
c) Que la resistencia o desobediencia sean graves.
d) Que la resistencia o desobediencia sean muy graves.

74. ¿Qué tipo de delitos se regulan en el Código Penal en su Título XXII?

a) Los delitos contra la Administración Pública.
b) Los delitos contra el patrimonio.
c) Los delitos contra el orden público.
d) Los delitos contra la seguridad colectiva.

75. ¿A qué franja de edad se aplica la LO 5/2000, de 12 de enero, reguladora de la Responsabilidad Penal de los Menores?

a) A todos los menores de edad.
b) A las personas entre los 16 y los 18 años.
c) A las personas entre los 14 y los 18 años.
d) A las personas entre los 12 y los 18 años.

76. A excepción de los miembros natos, el mandato de los miembros del Consejo Estatal de las Personas Mayores tiene una duración de:

a) Un año.
b) Dos años.
c) Cuatro años.
d) Cinco años.

77. La estancia de extranjeros en España, en los supuestos de entrada con visado, no podrá exceder de:

a) Seis meses.
b) La duración temporal del visado.
c) Nueve meses.
d) Tres meses.

78. La residencia temporal es la situación que autoriza a permanecer en España por un período:

a) Inferior a tres meses.
b) Superior a tres meses e inferior a seis.
c) Superior a cinco años.
d) Superior a 90 días e inferior a cinco años.

79. El alcoholismo muy cronificado, en el que los síntomas de embriaguez se presentan cada vez con menor cantidad de alcohol es debido:

a) A una tolerancia cruzada.
b) Al síndrome de abstinencia.
c) A la dependencia.
d) A una tolerancia inversa.

80. La vía de consumo de heroína que más rápidamente crea dependencia es:

a) La inhalada.
b) La fumada.
c) La intravenosa.
d) La oral.

81. El síndrome de abstinencia agudo por opiáceos:

a) Supone el coma del paciente.
b) Es mortal.
c) No acostumbra a poner en peligro la vida del paciente si no va asociado a patología orgánica o alteración psicológica.
d) Es causa de infarto.

82. Las Comunidades Terapéuticas:

a) Son aquellas en las que se lleva a cabo la fase de reinserción.
b) Son centros de tratamiento de carácter residencial orientados a la deshabituación de la conducta adictiva.
c) Son centros de tratamiento ambulatorio encaminados a la desintoxicación.
d) Son grupos de trabajo que desarrollan actividades de sensibilización y prevención de la drogodependencia.

83. El tiempo de internamiento en las Comunidades Terapéuticas:

a) Es ninguno, habida cuenta que son programas ambulatorios.
b) Es de tres días.
c) Varía de dos meses a un año.
d) Es de 24 horas.

84. Para ejercer el derecho de sufragio pasivo, los miembros de las Fuerzas y Cuerpos de Seguridad y Policía deben:

a) Abandonar el cuerpo.
b) Solicitar una excedencia voluntaria.
c) Pedir una autorización de compatibilidad.
d) Acogerse a la situación administrativa de servicios especiales.

85. Según la Ley Orgánica 4/2015, de 30 de marzo, la seguridad ciudadana es:

a) La igualdad ante la ley, sin que pueda prevalecer discriminación alguna por razón de nacimiento, raza, sexo, religión, opinión o cualquier otra condición o circunstancia personal o social.
b) La garantía del derecho al honor, a la intimidad personal y familiar y a la propia imagen.

c) El libre desarrollo de la personalidad y el respeto a la ley.

d) La garantía del libre ejercicio de los derechos y libertades reconocidos a los ciudadanos.

86. La Declaración sobre la Policía de 1979 fue adoptada por:

a) La Asamblea Parlamentaria del Consejo de Europa.

b) El Tribunal Europeo de Derechos Humanos.

c) La Asamblea General de la ONU.

d) El Congreso de los Diputados.

87. La Declaración sobre la Policía de 1979 impone a los funcionarios de Policía el deber de:

a) Ignorar toda orden ilegal.

b) Utilizar la fuerza en defensa de la dignidad humana.

c) Defender la territorialidad del estado nacional al que sirven.

d) Responsabilidad por rehusar la ejecución de una orden superior.

88. ¿Cuándo cesa en el ejercicio de su cargo el Defensor del Pueblo?

a) Por muerte o incapacidad sobrevenida.

b) Por renuncia.

c) Por expiración del plazo de su nombramiento.

d) Todas son correctas.

89. ¿Cómo se denomina el sistema normal de provisión de puestos de trabajo, en el que se tendrán en cuenta los méritos generales, los méritos correspondientes al conocimiento de las especialidades de la organización territorial de cada Comunidad Autónoma y del derecho propio de la misma, el conocimiento de la lengua oficial en los términos previstos en la legislación autonómica respectiva, y los méritos específicos directamente relacionados con las características del puesto?

a) Oposición.

b) Concurso.

c) Concurso-oposición.

d) Libre designación.

90. La Constitución Española prevé que la creación de Policías dependientes de las Comunidades Autónomas se lleve a cabo a través de:

a) Ley Orgánica.

b) Ley Ordinaria.

c) Decreto-Ley.

d) Ninguna es correcta.

91. Los miembros de los Cuerpos de Policía Local, en el ejercicio de sus funciones, tendrán a todos los efectos legales el carácter de:

a) Autoridad.
b) Agentes de la Autoridad.
c) Funcionarios Públicos.
d) Comisionados de la Autoridad.

92. El conductor que, requerido por un agente de la autoridad, se negare a someterse a las pruebas legalmente establecidas para la comprobación de las tasas de alcoholemia y la presencia de las drogas tóxicas será castigado con la pena de prisión:

a) De seis meses a nueve meses y privación del derecho a conducir vehículos a motor y ciclomotores por tiempo superior a uno y hasta cuatro años.
b) De seis meses a un año y privación del derecho a conducir vehículos a motor y ciclomotores por tiempo superior a uno y hasta cuatro años.
c) De seis meses a un año y medio y privación del derecho a conducir vehículos a motor y ciclomotores por tiempo superior a uno y hasta dos años.
d) De seis meses a seis meses y privación del derecho a conducir vehículos a motor y ciclomotores por tiempo superior a uno y hasta tres años.

93. El agente someterá al interesado a una segunda prueba de detección alcohólica por el aire respirado en el caso de que el resultado de la prueba practicada diera un grado de impregnación alcohólica:

a) Superior a 0,5 gramos de alcohol por litro de sangre.
b) Superior a 0,5 miligramos de alcohol por litro de aire espirado.
c) Inferior a 0,5 gramos de alcohol por litro de sangre.
d) Inferior a 0,35 miligramos de alcohol por litro de aire espirado.

94. ¿Cuál es el tiempo que ha de mediar entre la primera prueba y la segunda?

a) Mínimo 15 minutos.
b) Máximo 30 minutos.
c) Mínimo 10 minutos.
d) Mínimo 5 minutos.

95. Conforme al art. 20 CP están exentos de responsabilidad criminal:

a) El que obre impulsado por miedo insuperable.
b) El que, por sufrir alteraciones en la percepción desde el nacimiento o desde la infancia, tenga alterada la conciencia de la realidad.
c) El que al tiempo de cometer la infracción penal, a causa de cualquier anomalía o alteración psíquica, no pueda comprender la ilicitud del hecho o actuar conforme a esa comprensión.
d) Todas las respuestas son correctas.

96. Señala la respuesta incorrecta respecto a la agravante de reincidencia:

a) Las condenas firmes de jueces o tribunales impuestas en otros Estados de la Unión Europea vincularán a los tribunales españoles a los efectos de reincidencia en todo caso.

b) No se computarán los antecedentes penales cancelados o que debieran serlo.

c) Hay reincidencia cuando, al delinquir, el culpable haya sido condenado ejecutoriamente por un delito comprendido en el mismo título de este Código, siempre que sea de la misma naturaleza.

d) No se computarán los antecedentes penales que correspondan a delitos leves.

97. Según el artículo 178 del Código Penal, se consideran en todo caso agresión sexual los actos de contenido sexual que se realicen:

a) Empleando violencia, intimidación o abuso de una situación de superioridad o de vulnerabilidad de la víctima.

b) Sobre personas que se hallen privadas de sentido o de cuya situación mental se abusare.

c) Los que se realicen cuando la víctima tenga anulada por cualquier causa su voluntad.

d) Todas las anteriores respuestas son correctas.

98. El abandono de un menor de edad o un incapaz por parte de la persona encargada de su guarda, será castigado con la pena de prisión de:

a) Seis meses a un año.

b) Uno a dos años.

c) Uno a tres años.

d) Dos a cuatro años.

99. Señala la respuesta incorrecta respecto a las injurias:

a) Las injurias que consistan en la imputación de hechos no se considerarán graves, salvo cuando se hayan llevado a cabo con conocimiento de su falsedad o temerario desprecio hacia la verdad.

b) El acusado de injuria quedará exento de responsabilidad probando la verdad de las imputaciones cuando estas se dirijan contra funcionarios públicos sobre hechos concernientes al ejercicio de sus cargos o referidos a la comisión de infracciones administrativas.

c) Las injurias siempre serán perseguidas de oficio.

d) Las injurias graves hechas con publicidad se castigarán con la pena de multa de seis a catorce meses y, en otro caso, con la de tres a siete meses.

100. El art. 325 C.P. castiga los atentados genéricos al medio ambiente, solo si son:

a) Si se realizan dolosamente.

b) Tan solo si son cometidos por imprudencia grave.

c) Solo los cometidos por imprudencia grave o leve.

d) Tanto cuando se realizan dolosamente como por imprudencia grave.

Solución al simulacro n.º 6

1. d) Las respuestas b) y c) son correctas.

2. b) De dos, compuesta cada una por seis Magistrados.

3. c) De doce, cuatro a propuesta del Congreso, cuatro a propuesta del Senado, dos a propuesta del Gobierno y dos a propuesta del Consejo General del Poder Judicial.

4. d) Tres años.

5. d) Todas son correctas.

6. d) Comunicar a las Cámaras, al Gobierno o al Consejo General del Poder Judicial, en cada caso, las vacantes.

7. d) Las Comunidades Autónomas designarán, además, un Senador y otro más por cada medio millón de habitantes de su respectivo territorio.

8. c) Una, tres o cinco personas.

9. a) La persona que en su testamento hubiese nombrado el Rey difunto.

10. b) Goza de inviolabilidad.

11. a) Los territorios insulares.

12. b) De lo Penal.

13. a) 4 años.

14. c) Los Juzgados de Paz.

15. a) De veinte Vocales más el Presidente del Tribunal Supremo.

16. b) La dotación presupuestaria.

17. b) Está integrada por los Secretarios de Estado y los Subsecretarios de los distintos departamentos ministeriales, y es presidida por un Vicepresidente de Gobierno o, en su defecto, el Ministro de la Presidencia.

18. a) Legislación sobre productos sanitarios.

19. a) Recuperar a instancia de parte la posesión indebidamente perdida sobre sus bienes y derechos.

20. c) Acceso a los núcleos de población.

21. b) Áreas Metropolitanas.

22. a) Entre los concejales que formen parte de la Junta de Gobierno Local.

23. b) Artículo 141.

24. c) Tres.

25. b) Administrado cualificado.

26. b) Realizar una Proposición de Ley.

27. d) Es tramitada en el Parlamento en la forma prevista para el resto de Leyes.

28. c) Exigirá para su aprobación que el Congreso ratifique el texto inicial por mayoría.

29. d) Todas son correctas.

30. d) Expresos y presuntos.

31. c) Se hará constar en el expediente, especificándose las circunstancias del intento de la notificación y se tendrá por notificado.

32. a) Reclamaciones.

33. d) Un plazo no inferior a diez días ni superior a quince.

34. c) Deberán contar con una sucinta relación de hechos y fundamentos de derecho que motiven la resolución.

35. b) Actuaciones previas.

36. a) Al Pleno de la corporación.

37. a) Contrato de concesión de obra.

38. c) A la Junta de Gobierno Local.

39. d) Cuando el personal directivo reúna la condición de personal funcionarial estará sometido a la relación funcionarial de carácter especial de alta secretaría.

40. d) Un pliego de preguntas.

41. a) Denegación que deberá motivarse y sin que quepa contra ella recurso alguno.

42. a) Impuesto sobre el Incremento de Valor de los Terrenos de Naturaleza Urbana.

43. c) Estatuto de Autonomía de Extremadura.

44. d) Entre Jefes, Oficiales y Mandos de las Fuerzas Armadas y de las Fuerzas y Cuerpos de Seguridad del Estado.

45. d) A municipios o agrupaciones de municipios con Cuerpo de Policía propio.

46. a) Acuerdo del Alcalde del Municipio y del Delegado del Gobierno en la Comunidad Autónoma.

47. c) Denuncia.

48. c) 72 horas.

49. b) 1 año.

50. a) 1 mes.

51. b) 50 km/h.

52. a) 90 km/h.

53. b) 5 años.

54. a) 1 año.

55. d) Señales de indicación de servicios.

56. b) 500 metros.

57. c) De viajeros y de mercancías.

58. c) El Real Decreto 70/2019, de 15 de febrero.

59. a) Cada seis meses.

60. d) Las becas otorgadas por las corporaciones locales.

61. b) El trazado de una vía.

62. a) Un error en la evasión.

63. c) Al año.

64. b) Veinticuatro horas.

65. c) En el Título VI.

66. b) No haya logrado el objeto que se había propuesto.

67. a) Solo es típico si contrae matrimonio con la segunda en España.

68. a) Quedará exento de pena.

69. d) Tanto de dominio público como privado.

70. a) Estafa.

71. b) Dolosa.

72. c) En el Título XVIII.

73. c) Que la resistencia o desobediencia sean graves.

74. c) Los delitos contra el orden público.

75. c) A las personas entre los 14 y los 18 años.

76. c) Cuatro años.

77. b) El La duración temporal del visado.

78. d) Superior a 90 días e inferior a cinco años.

79. d) A una tolerancia inversa.

80. c) La intravenosa.

81. c) No acostumbra a poner en peligro la vida del paciente si no va asociado a patología orgánica o alteración psicológica.

82. b) Son centros de tratamiento de carácter residencial orientados a la deshabituación de la conducta adictiva.

83. c) Varía de dos meses a un año.

84. d) Acogerse a la situación administrativa de servicios especiales.

85. d) La garantía del libre ejercicio de los derechos y libertades reconocidos a los ciudadanos.

86. a) La Asamblea Parlamentaria del Consejo de Europa.

87. a) Ignorar toda orden ilegal.

88. d) Todas son correctas.

89. b) Concurso.

90. a) Ley Orgánica.

91. b) Agentes de la Autoridad.

92. b) De seis meses a un año y privación del derecho a conducir vehículos a motor y ciclomotores por tiempo superior a uno y hasta cuatro años.

93. a) Superior a 0,5 gramos de alcohol por litro de sangre.

94. c) Mínimo 10 minutos.

95. c) El que al tiempo de cometer la infracción penal, a causa de cualquier anomalía o alteración psíquica, no pueda comprender la ilicitud del hecho o actuar conforme a esa comprensión.

96. a) Las condenas firmes de jueces o tribunales impuestas en otros Estados de la Unión Europea vincularán a los tribunales españoles a los efectos de reincidencia en todo caso.

97. d) Todas las anteriores respuestas son correctas.

98. b) Uno a dos años.

99. c) Las injurias siempre serán perseguidas de oficio.

100. d) Tanto cuando se realizan dolosamente como por imprudencia grave.

1. ¿Por qué periodo son nombrados los miembros del Tribunal Constitucional?

a) Por un periodo de cinco años, computados desde la fecha de constitución del Tribunal.
b) Por un periodo de nueve años, renovándose por terceras partes cada tres años.
c) Por un periodo de seis años.
d) Ninguna es correcta.

2. Los miembros del Tribunal Constitucional se renovarán:

a) Por terceras partes cada tres años.
b) Por terceras partes cada cuatro años.
c) La totalidad cada tres años.
d) Por cuartas partes cada tres años.

3. El Tribunal Constitucional tiene jurisdicción en todo el territorio español y es competente para:

a) Conocer los conflictos en defensa de la autonomía local.
b) Conocer los conflictos de competencias entre España y un estado europeo.
c) Conocer los recursos de casación para la unificación de la doctrina.
d) Iniciar de oficio cualquier investigación conducente al esclarecimiento de los actos y resoluciones de la Administración Pública en relación con los ciudadanos.

4. ¿En qué fecha el Congreso de los Diputados y el Senado aprobaron el texto de la Constitución?

a) El 31 de octubre de 1976.
b) El 31 de octubre de 1978.
c) El 29 de diciembre de 1978.
d) El 6 de diciembre de 1978.

5. ¿Cuáles de los siguientes son declarados en el artículo 9 de la Constitución como principios del ordenamiento jurídico?

a) Legalidad, jerarquía normativa, seguridad jurídica y solidaridad.
b) Publicidad de las normas, legalidad, seguridad jurídica y jerarquía normativa.

c) Igualdad, pluralismo político, justicia y libertad.
d) Legalidad, solidaridad, justicia e irretroactividad de las disposiciones no favorables.

6. ¿A quién asigna la Constitución en su artículo 8 la misión de garantizar la soberanía e independencia de España, defender su integridad territorial y el ordenamiento constitucional?

a) A la Guardia Civil y Policía Nacional.
b) A las Fuerzas Armadas.
c) Ambas son correctas.
d) A las Fuerzas y Cuerpos de Seguridad.

7. ¿Quién, extinguidas todas las líneas llamadas en Derecho, proveerá a la sucesión en la Corona en la forma que más convenga a los intereses de España?

a) El Presidente del Gobierno.
b) Las Cortes Generales.
c) El Jefe de la Casa Real.
d) El Pueblo Español en referéndum.

8. ¿A petición de quién pueden reunirse las Cámaras en sesión extraordinaria?

a) A petición del Gobierno.
b) A petición de la Diputación permanente.
c) A petición de la mayoría simple de los miembros de cualquiera de las Cámaras.
d) Las respuestas a) y b) son correctas.

9. ¿De cuántos Diputados, elegidos por sufragio universal, libre, igual, directo y secreto, en los términos que establezca la Ley, se compone el Congreso?

a) De un mínimo de 300 y un máximo de 400.
b) De un mínimo de 350 y un máximo de 400.
c) Siempre de 350.
d) De un mínimo de 350 y un máximo de 450.

10. ¿Quién refrenda la decisión del Rey de disolver las Cámaras y convocar nuevas elecciones cuando ningún candidato ha obtenido la confianza del Congreso?

a) El Presidente del Gobierno en funciones.
b) El Consejo de Ministros en su última reunión.
c) El Presidente del Congreso.
d) La Mesa del Congreso de los Diputados.

11. ¿En cuántas Provincias se divide el territorio de la Nación española?

a) 49.
b) 50.

c) 51.
d) 60.

12. ¿Cuáles de los siguientes son órganos del Consejo General del Poder Judicial?

a) Presidente, Pleno, Comisión Permanente, Comisión Disciplinaria, Comisión de Asuntos Económicos y Comisión de Igualdad.
b) Presidente, Vicepresidente, Pleno, Comisión Permanente, Comisión Disciplinaria y Comisión Rogatoria.
c) Presidente, Vicepresidente, Pleno, Comisión Permanente, Comisión Disciplinaria y Comisión Legislativa.
d) Presidente, Vicepresidente, Comisión Permanente, Comisión Disciplinaria y Comisión de Calificación.

13. ¿Qué o quién posibilita la independencia de los Jueces?

a) La Ley Orgánica del Poder Judicial.
b) La carrera judicial.
c) El Consejo General del Poder Judicial.
d) El sometimiento exclusivo de la Ley.

14. ¿A partir de cuándo surge el llamado Estado de Derecho, exponente de la división de poderes en el Estado y del principio de legalidad?

a) Del Decreto de Javier de Burgos.
b) De la Revolución Francesa.
c) De la Constitución de Cádiz de 1812.
d) De la Constitución Española de 1978.

15. Una de las atribuciones del Consejo General del Poder Judicial es:

a) Nombrar a los Jueces, Magistrados y Magistrados del Tribunal Supremo.
b) Nombrar al Fiscal General del Estado.
c) Regular la estructura y funcionamiento de la Escuela Judicial.
d) Ser oído por el Gobierno antes del nombramiento del Director del Gabinete Técnico del Consejo General del Poder Judicial.

16. ¿Cuáles son los órganos superiores de la Administración Central del Estado?

a) Los Subsecretarios y Secretarios Generales.
b) Los Ministros y Vicepresidentes.
c) Los Ministros y los Subsecretarios.
d) Los Ministros y los Secretarios de Estado.

17. ¿Cuál de las siguientes facultades no puede ser ejercida por el Presidente del Gobierno en funciones?

a) Proponer al Rey la disolución del Senado.
b) Plantear la cuestión de confianza.
c) Proponer al Rey la convocatoria de un referéndum consultivo.
d) Todas son correctas.

18. ¿A quién corresponde la iniciativa del proceso autonómico en los territorios sin régimen provisional de autonomía?

a) A todas las Diputaciones interesadas.
b) A las dos terceras partes de los Municipios del territorio de la pretendida Comunidad Autónoma.
c) Las dos respuestas anteriores son correctas, pero en caso de que no prospere la iniciativa, deberán transcurrir tres años para intentarlo de nuevo.
d) Las respuestas a) y b) son correctas.

19. ¿Cuál de las siguientes atribuciones corresponde al Pleno del Ayuntamiento?

a) Las contrataciones y concesiones de toda clase.
b) La aprobación del reglamento orgánico y de las ordenanzas.
c) La adquisición de bienes y derechos cuando su valor supere el 15 % de los recursos ordinarios del presupuesto.
d) Todas las respuestas son correctas.

20. ¿Cuándo celebrará la Junta de Gobierno Local sesión constitutiva, a convocatoria del Alcalde o Presidente?

a) Dentro de los diez días siguientes a aquel en que el Alcalde o Presidente haya designado a los miembros que la integran.
b) Dentro de los quince días siguientes a aquel en que el Alcalde o Presidente haya designado a los miembros que la integran.
c) Cuando lo establezca el Alcalde o Presidente mediante Decreto.
d) Ninguna es correcta.

21. ¿Cuál es el órgano de máxima representación política de los ciudadanos en el gobierno municipal?

a) El Alcalde.
b) La Junta de Gobierno Local.
c) Los Tenientes de Alcalde cuando sustituyan al Alcalde por renuncia de éste.
d) El Pleno del Ayuntamiento.

22. ¿Cómo se adoptarán los acuerdos en las reuniones deliberantes de la Junta de Gobierno Local?

a) Por medio de Actas.
b) A través de Decretos.
c) Por medio de informes.
d) Ninguna es correcta.

23. ¿De qué plazo dispone el Delegado del Gobierno para requerir al Presidente de la Corporación Local para que anule actos o acuerdos que atenten gravemente al interés general de España?

a) Diez días.
b) Quince días.
c) Un mes.
d) La Ley de Régimen Local, en su artículo 67, no establece plazo.

24. ¿Quién determina el orden de colocación de los Grupos en el Salón de Sesiones de una Corporación Local?

a) El Presidente, oído el Secretario.
b) Los Portavoces de cada Grupo.
c) El Presidente, oídos los Portavoces.
d) Elegirá siempre el Grupo formado por los miembros de la lista que hubiera obtenido mayor número de votos.

25. Las Administraciones Públicas, en sus relaciones, se rigen por los principios de:

a) Eficiencia y servicio a los ciudadanos.
b) Eficacia y jerarquía.
c) Desconcentración y coordinación.
d) Cooperación y colaboración.

26. Las disposiciones de entrada en vigor de las leyes o reglamentos, cuya aprobación o propuesta corresponda al Gobierno o a sus miembros, y que impongan nuevas obligaciones a las personas físicas o jurídicas que desempeñen una actividad económica o profesional como consecuencia del ejercicio de esta:

a) Tendrán la forma de Decreto-Ley.
b) Requerirán de un debate a la totalidad, en todo caso.
c) Tienen que ser ratificadas por mayoría absoluta del Congreso y el Senado.
d) Preverán el comienzo de su vigencia el 2 de enero o el 1 de julio siguientes a su aprobación.

27. Los Decretos Legislativos son disposiciones dictadas por el Gobierno:

a) Por delegación.
b) Para la regulación de determinadas materias reservadas a esta forma de legislar.
c) Para evitar el control parlamentario.
d) En casos de extraordinaria y urgente necesidad.

28. El Reglamento:

a) Es toda norma con rango de Ley dictada por el Gobierno.
b) Es una disposición normativa que sólo tiene valor frente a la Administración Pública.
c) Es toda disposición jurídica de carácter general dictada por una Administración Pública y con valor subordinado a la Ley.
d) Es un acto normativo dictado por la Administración en ejercicio de una competencia delegada.

29. ¿Cuándo la publicación sustituirá a la notificación?

a) Cuando el acto tenga como destinatario a una pluralidad determinada de personas.
b) Cuando la Administración estime que la notificación efectuada a un solo interesado es suficiente para garantizar la notificación a todos.
c) Cuando se trate de actos integrantes de un procedimiento selectivo o de concurrencia competitiva de cualquier tipo.
d) Todas son correctas.

30. Para que la notificación se practique utilizando medios telemáticos se requerirá:

a) Que el interesado haya señalado dicho medio como preferente.
b) Que el interesado lo haya consentido tácitamente.
c) Las respuestas a) y b) son correctas.
d) Que el interesado o su representante rechace la notificación.

31. En el acuerdo de inicio de todo procedimiento administrativo sancionador, no constará:

a) La identificación del instructor y, en su caso, Secretario del procedimiento, con expresa indicación del régimen de recusación de los mismos.
b) La oposición o no del interesado a que la Administración consulte o recabe documentos que ya se encuentren en su poder.
c) La identificación de la persona o personas presuntamente responsables.
d) La indicación del derecho a formular alegaciones y a la audiencia en el procedimiento y de los plazos para su ejercicio.

32. Para que sean aplicables reducciones sobre el importe de la sanción propuesta:

a) El infractor debe renunciar a interponer recurso contencioso administrativo.
b) Esta debe tener carácter no pecuniario.

c) Debe condicionarse al desistimiento o renuncia de cualquier acción o recurso en vía administrativa.

d) Se deberá dictar resolución expresa de conformidad.

33. Aquellos contratos que tienen por objeto la adquisición, el arrendamiento financiero, o el arrendamiento, con o sin opción de compra, de productos o bienes muebles se denominan:

a) Mixtos.

b) De suministros.

c) De obras.

d) De servicios.

34. La responsabilidad patrimonial es la atribuida por el ordenamiento jurídico a las Administraciones Públicas:

a) A consecuencia del funcionamiento normal o anormal de los servicios públicos.

b) A consecuencia del funcionamiento normal de los servicios públicos, únicamente.

c) Por causas de fuerza mayor.

d) Por cualquier accidente sufrido por un particular en la vía pública.

35. La escala de funcionarios de administración local con habilitación de carácter nacional se subdivide en las siguientes subescalas:

a) Secretaría.

b) Intervención-tesorería.

c) Secretaría-intervención.

d) Todas las respuestas son correctas.

36. A la luz de la normativa vigente (art. 89 LRL), profundamente afectada por el Estatuto Básico del Empleado Público, podemos distinguir, en la actualidad, el siguiente personal al servicio de las Entidades Locales:

a) Funcionarios de carrera, Funcionarios interinos, Contratados en régimen de Derecho Laboral (Personal Laboral) Personal Eventual y personal directivo profesional.

b) Funcionarios de carrera, Funcionarios de libre designación, Contratados en régimen de Derecho Público Personal Eventual y personal directivo profesional.

c) Personal Directivo Profesional, Funcionarios de Estado, Funcionarios de libre designación y Funcionarios interinos.

d) Ninguna respuesta es correcta.

37. El art. 41.1.c) del Texto Refundido de la Ley del Estatuto Básico del Empleado Público, confiere a los miembros de la Junta de Personal y los Delegados de Personal, en su caso, en el ejercicio de su función representativa, el derecho a la audiencia en los expedientes disciplinarios a que pudieran ser sometidos sus miembros durante el tiempo de su mandato y:

a) Durante el año inmediatamente posterior.

b) Durante los dos años inmediatamente posteriores.

c) Durante los tres años inmediatamente posteriores.
d) Durante los cuatro años inmediatamente posteriores.

38. El tiempo de suspensión provisional, como consecuencia de un expediente disciplinario a un funcionario policial, por hechos que no son objeto de procedimiento penal, no podrá exceder en caso de faltas graves, de:

a) 2 meses.
b) 3 meses.
c) 5 meses.
d) 6 meses.

39. Conforme al artículo 60 del Texto Refundido de la Ley Reguladora de las Haciendas Locales, el Impuesto sobre Bienes Inmuebles es un tributo:

a) Indirecto de carácter real.
b) Indirecto de carácter personal.
c) Indirecto de naturaleza mixta.
d) Directo de carácter real.

40. Aragón cuenta actualmente:

a) Con Policía autonómica propia.
b) Con un Cuerpo de Policía Foral Aragonesa.
c) Con una Unidad del Cuerpo Nacional de Policía adscrita a la Comunidad Autónoma.
d) Su Estatuto de Autonomía no prevé la creación de una Policía autonómica.

41. Conforme al art. 38 LOFCS, las Comunidades Autónomas que creen Cuerpos de Policía Autónoma, podrán ejercer a través de sus Cuerpos de Policía la siguiente función con el carácter de propia:

a) La vigilancia y protección de personas, órganos, edificios, establecimientos y dependencias de la Comunidad Autónoma y de sus Entes instrumentales, garantizando el normal funcionamiento de las instalaciones y la seguridad de los usuarios de sus servicios.
b) Vigilar los espacios públicos, proteger las manifestaciones y mantener el orden en grandes concentraciones humanas.
c) Velar por el cumplimiento de las disposiciones que tiendan a la conservación de la naturaleza y medio ambiente, recursos hidráulicos, así como la riqueza cinegética, piscícola, forestal y de cualquier otra índole relacionada con la naturaleza.
d) La prestación de auxilio en los casos de accidente, catástrofe o calamidad pública, participando, en la forma prevista en las Leyes, en la ejecución de los Planes de Protección Civil.

42. En los municipios donde no exista Cuerpo de Policía Local podrá constituir-se, de mutuo acuerdo entre la Administración General del Estado y el respectivo Ayuntamiento, para analizar y evaluar la situación de la seguridad ciudadana en el municipio y promover las actuaciones que se consideren necesarias para prevenir la delincuencia y mejorar la seguridad y la convivencia:

a) Una Junta Local de Seguridad.
b) Una Comisión Local de Seguridad.
c) Una Agencia Local de Seguridad.
d) Una Dependencia Local de Seguridad.

43. Según el artículo 3 del Real Decreto 1087/2010, de 3 de septiembre, por el que se aprueba el Reglamento que regula las Juntas Locales de Seguridad, no es un contenido necesario del Acta de constitución de una Junta Local de Seguridad:

a) La denominación y sede de la Junta.
b) Sus funciones.
c) Su ámbito territorial de competencia, que será el del término municipal.
d) Su composición.

44. ¿Qué artículo de la Constitución establece el plazo máximo de detención preventiva?

a) Artículo 10.
b) Artículo 14.
c) Artículo 16.
d) Artículo 17.

45. Señala la opción incorrecta; según el art. 520,1º LECr, la detención y la prisión provisional deberán practicarse en la forma que menos perjudique al detenido o preso en su:

a) Estima.
b) Persona.
c) Reputación.
d) Patrimonio.

46. Según el artículo 53.2 de la Ley Orgánica 4/2015, de 30 de marzo, de protección de la seguridad ciudadana, las sanciones pecuniarias que no hayan sido abonadas previamente deberán hacerse efectivas dentro de:

a) Los quince días siguientes a la fecha de la firmeza de la sanción.
b) Los treinta días siguientes a la fecha de la firmeza de la sanción.
c) Los dos meses siguientes a la fecha de la firmeza de la sanción.
d) Los tres meses siguientes a la fecha de la firmeza de la sanción.

47. Según el artículo 54.2 de la Ley Orgánica 4/2015, de 30 de marzo, de protección de la seguridad ciudadana, el procedimiento sancionador abreviado no será de aplicación a las infracciones:

a) Leves.
b) Graves.
c) Muy graves.
d) Graves o muy graves.

48. ¿Cuál es la velocidad máxima, en cualquier tipo de vía donde esté permitida su circulación, de los vehículos de tres ruedas y cuadriciclos?

a) 90 km/h.
b) 60 km/h.
c) 80 km/h.
d) 70 km/h.

49. La velocidad máxima en vías urbanas y travesías para los vehículos que transporten mercancías peligrosas, es de:

a) 60 km/h.
b) 50 km/h.
c) 40 km/h.
d) 30 km/h.

50. La autorización especial para conducir vehículos que transporten mercancías peligrosas tendrá un período de vigencia de:

a) 3 años.
b) 4 años.
c) 5 años.
d) 10 años.

51. De acuerdo con lo dispuesto en el Convenio Internacional de Ginebra, de 19 de septiembre de 1949, sobre circulación por carretera, el permiso internacional autoriza para conducir temporalmente por el territorio de todos los Estados contratantes, con excepción del Estado que lo ha expedido. El permiso internacional para conducir tendrá una validez de:

a) 1 año.
b) 3 años.
c) 5 años.
d) 10 años.

52. Las señales de preseñalización se colocarán a una distancia adecuada de la intersección para que su eficacia sea máxima, tanto de día como de noche, teniendo en cuenta las condiciones viales y de circulación, especialmente la velocidad habitual de los vehículos y la distancia a la que sea visible dicha señal. Esta distancia podrá reducirse en los poblados a unos:

a) 100 metros.
b) 60 metros.
c) 50 metros.
d) 25 metros.

53. La señal S-400. Itinerario europeo, es una señal de orientación del tipo:

a) Señales de identificación de carreteras.
b) Señales de uso específico en poblado.
c) Señales de confirmación.
d) Señales de preseñalización.

54. El Registro de Empresas y Actividades de Transporte tiene por objeto:

a) La inscripción de los contratos de gestión de los servicios públicos de transporte regular de viajeros de uso general.
b) La inscripción de las empresas y personas que obtengan alguno de los títulos que habilitan para el ejercicio de las actividades y profesiones reguladas en la Ley de Ordenación de los Transportes Terrestres o en las normas dictadas para su desarrollo.
c) Las sanciones impuestas por la comisión de las infracciones tipificadas en la Ley de Ordenación de los Transportes Terrestres, así como aquellas otras anotaciones relativas a expedientes sancionadores que se consideren relevantes reglamentariamente.
d) Todas las respuestas son correctas.

55. La actuación de los titulares de licencias o autorizaciones de transporte público en relación con la prestación de servicios de carácter discrecional se regirá por el principio de:

a) Oportunidad.
b) Obligatoriedad.
c) Eficacia y eficiencia en la gestión.
d) Libertad de contratación.

56. Los tractores agrícolas de 10 años con una velocidad máxima de fabricación superior a 40 km/h, pasarán la inspección técnica periódica:

a) Cada seis meses.
b) Cada tres años.
c) Cada dos años.
d) Cada año.

57. Las estaciones transformadoras móviles y vehículos adaptados para la maquinaria del circo o ferias recreativas ambulantes de cinco años pasarán la inspección técnica periódica:

a) Cada seis meses.
b) Cada tres años.
c) Cada dos años.
d) Cada año.

58. Se considera una colisión frontal:

a) Cuando un vehículo colisiona con su parte delantera con la parte lateral de otro, pudiéndose especificar, según la parte lateral sobre la que se colisiona, en anteriores, centrales o posteriores.

b) Cuando la colisión se produce con la parte frontal de un vehículo sobre la parte posterior de otro.

c) Cuando ambos vehículos impactan por su parte delantera, teniendo los ejes longitudinales de ambos la misma dirección o un ángulo inferior a 90º.

d) Cuando de forma paralela impactan ambos vehículos, produciéndose roce entre los mismos.

59. ¿Qué norma regula a las Fuerzas y Cuerpos de Seguridad?

a) Ley Orgánica 25/1998, de 19 de mayo.
b) Ley 55/1978, de 4 de diciembre.
c) Ley Orgánica 17/2006, de 7 de octubre.
d) Ley Orgánica 2/1986, de 13 de marzo.

60. ¿Qué tipo de circunstancia modificativa de la responsabilidad penal es la edad senil?

a) Eximente completa específica.
b) Atenuante por analogía.
c) Ninguna, no modifica la responsabilidad.
d) Ninguna respuesta es correcta.

61. ¿Cómo denomina el Código Penal a las medidas de seguridad que se pueden imponer a las personas jurídicas?

a) Disposiciones alternativas.
b) Consecuencias accesorias.
c) Repercusiones colaterales.
d) Medidas supletorias.

62. ¿Qué diferencia existe entre el delito de detención ilegal y el de secuestro?

a) Que en el secuestro existe violencia o intimidación en las personas.
b) Que la detención ilegal es practicada por Autoridad o funcionario público y el secuestro por particular.

c) Que el secuestro exige alguna condición para poner en libertad al detenido.

d) Que la detención es cometida por un particular y el secuestro por una organización criminal.

63. El que, sin estar legítimamente autorizado, impidiere a otro con violencia hacer lo que la ley no prohíbe, o le competiere a efectuar lo que no quiere, será castigado, según el Código Penal, por el delito de:

a) Amenazas.
b) Coacciones.
c) Lesiones.
d) Detención ilegal.

64. Las calumnias cometidas por medio de un escrito se consuman:

a) Cuando se recibe o abre la misiva.
b) Cuando se imprime la misma.
c) En el momento en que se deposita la carta o escrito en el correo.
d) En el momento de su redacción.

65. La imputación de un delito hecha con conocimiento de su falsedad o temerario desprecio hacia la verdad, se denomina:

a) Injuria.
b) Vejación.
c) Calumnia.
d) Infundio.

66. El art. 250 C.P. dispone que el delito de estafa será castigado con las penas de prisión de uno a seis años y multa de seis a doce meses, cuando el valor de la defraudación supere:

a) Los 50.000 euros.
b) Los 30.000 euros.
c) Los 10.000 euros.
d) Los 6.000 euros.

67. ¿Cómo se denominan los delitos que se agrupan bajo el marco de la actividad empresarial y que, afectando a bienes jurídicos individuales o sociales, se realizan en el ejercicio irregular de la actividad empresarial?

a) Delitos societarios.
b) Delitos empresariales.
c) Delitos socioeconómicos.
d) Delitos de cuello blanco.

68. El Código Europeo de Ética de la Policía determina la organización de las estructuras de la policía:

a) Restringiendo la existencia de cadenas de mando a las organizaciones de carácter militar.

b) Con total independencia de las autoridades civiles.

c) Con exención de responsabilidad de los funcionarios respecto del cumplimiento de las órdenes que aseguren el acatamiento a las mismas.

d) Estableciendo a todos los niveles de los servicios de policía medidas eficaces para prevenir y luchar contra la corrupción.

69. Las recetas de la Seguridad Social, en atención a la protección penal dispensada, se considera como un documento:

a) Mercantil.

b) Público.

c) Oficial.

d) Semipúblico.

70. ¿Qué se considera depósito de armas de fuego reglamentadas?

a) La reunión clandestina de cinco o más de dichas armas.

b) La fabricación, comercialización o reunión de cinco o más de dichas armas, aun cuando se hallen en piezas desmontadas.

c) Solo la fabricación o reunión de cinco o más de dichas armas, aun cuando se hallen en piezas desmontadas.

d) La fabricación, comercialización o reunión de tres o más de dichas armas, aun cuando se hallen en piezas desmontadas.

71. La tenencia de armas reglamentarias constituye delito y la pena se agrava si:

a) Las armas han sido transformadas, modificando sus características originales.

b) Las armas han sido introducidas legal o ilegalmente en territorio español.

c) Pertenecen a una organización criminal.

d) Todas las respuestas son correctas.

72. Indica cuál de los siguientes es un órgano de participación en el control y vigilancia de la gestión del Instituto de Mayores y Servicios Sociales:

a) La Dirección General.

b) La Secretaría General.

c) El Consejo Ejecutivo.

d) La Comisión Ejecutiva.

73. Indica cuál de las siguientes es una medida de carácter penal que se puede adoptar en una Orden de Protección:

a) Medida de protección al menor para evitar un peligro o perjuicio.

b) Prohibición de comunicación.

c) Atribución del uso y disfrute de la vivienda.
d) Régimen de custodia, visitas, comunicación con los hijos.

74. Las autorizaciones de residencia temporal a extranjeros no exigirán visado cuando:

a) No comporten autorización de trabajo.
b) Dispongan de medios suficientes para sí y, en su caso, para los de su familia.
c) Carezcan de antecedentes penales en España o en los países anteriores de residencia.
d) Se den situaciones de arraigo.

75. Se producirá la extinción de la residencia de larga duración de un extranjero:

a) Cuando se adquiera la residencia de larga duración en otro Estado miembro.
b) Cuando sea condenado penalmente por sentencia firme.
c) Si abandona territorio español durante 12 meses para instalarse en otro estado miembro de la Unión europea.
d) Cuando haya transcurrido el tiempo para el que fue otorgada.

76. La tolerancia que se puede crear a una sustancia como los barbitúricos provocada por la adaptación del organismo al consumo de alcohol se denomina:

a) Politoxicomanía.
b) Tolerancia cruzada.
c) Tolerancia inversa.
d) Sobredosis.

77. El consumo de heroína estando en tratamiento de metadona produce:

a) Síndrome de abstinencia.
b) La inhibición de los efectos de la droga.
c) La dependencia de la metadona.
d) Intoxicación aguda.

78. Los Programas de intercambio de jeringuillas (PIJS) están dirigidos:

a) Al control estadístico de la población drogodependiente.
b) A la prevención de enfermedades por vía parenteral.
c) A ofrecer asistencia profesional que permitan aconsejar sobre los recursos existentes para atender la drogadicción.
d) A identificar las patologías más frecuentes que sufre la población drogodependiente.

79. El Programa Naltrexona:

a) Actúa bloqueando los receptores opiáceos.
b) Solo se utiliza para consumidores de opiáceos.

c) Exige abstinencia del paciente 24 horas antes.

d) Desencadena un síndrome de abstinencia inmediato.

80. El programa de atención a la drogodependencia que tiene como objetivo consolidar la abstinencia a tóxicos desde una orientación fundamentalmente educativa se denomina:

a) Programa Naltrexona.

b) Programa Centro de Día.

c) Programa Metadona.

d) Programa de la Comunidades Terapéuticas.

81. La plena autonomía de la voluntad del individuo, y el derecho que tienen los seres humanos a hacer todo cuanto esté lícitamente permitido y todo cuanto no esté explícitamente prohibido integra el concepto de:

a) Igualdad.

b) Libertad.

c) Autonomía.

d) Independencia.

82. El acatamiento de los miembros policiales de órdenes que entrañen la ejecución de actos que manifiestamente constituyan delito o sean contrarios a la Constitución o las leyes:

a) Es manifestación del principio de obediencia debida amparado constitucionalmente.

b) Es indisoluble a su condición de miembro de las Fuerzas y Cuerpos de Seguridad.

c) No está amparado por el principio de adecuación de las funciones policiales al ordenamiento jurídico.

d) Es reflejo del principio de legalidad y sometimiento a las leyes.

83. ¿Cuál de las siguientes disposiciones de la Declaración de la Policía figuran igualmente en el Código de conducta para funcionarios encargados de hacer cumplir la ley?

a) La instrucción sobre el uso de las armas.

b) La prohibición de participar en acciones contra personas a causa de su raza o de sus convicciones religiosas o políticas.

c) El deber de guardar secreto acerca de todas las cuestiones de carácter confidencial de las cuales tenga conocimiento.

d) Ignorar toda orden con respecto a la tortura, la ejecución sumaria y las penas o los tratos inhumanos o degradantes.

84. ¿Qué disposición o disposiciones internacionales sirven de inspiración y base para el código deontológico establecido por la Ley Orgánica de Fuerzas y Cuerpos de Seguridad?

a) El Código de conducta para funcionarios encargados de hacer cumplir la ley.

b) El Código de conducta, la Declaración sobre la Policía y el Código Europeo de Ética de la Policía.

c) La London Metropolitan Police Act.

d) La Declaración sobre la Policía y el Código de conducta.

85. El delito contra la Hacienda Pública será castigado con la pena de prisión de dos a seis años y multa del doble al séxtuplo de la cuota defraudada cuando la defraudación se cometiere concurriendo la siguiente circunstancia:

a) Que la defraudación se haya cometido en el seno de una organización o de un grupo criminal.

b) Que la utilización de personas físicas o jurídicas o entes sin personalidad jurídica interpuestos, negocios o instrumentos fiduciarios o paraísos fiscales o territorios de nula tributación oculte o dificulte la determinación de la identidad del obligado tributario o del responsable del delito, la determinación de la cuantía defraudada o del patrimonio del obligado tributario o del responsable del delito.

c) Que la cuantía de la cuota defraudada exceda de seiscientos mil euros.

d) Todas las respuestas son correctas.

86. La autoridad o funcionario público que, a sabiendas de su injusticia, dictare una resolución arbitraria en un asunto administrativo, cometerá un delito de:

a) Prevaricación administrativa.

b) Cohecho.

c) Malversación administrativa.

d) Estafa.

87. ¿Cuál es el objeto jurídico de tutela en el delito de cohecho?. El respeto al principio de:

a) Legalidad.

b) Imparcialidad.

c) Jerarquía normativa.

d) Eficacia.

88. Se impondrán las penas superiores en grado siempre que el atentado se cometa:

a) Acometiendo a la autoridad, a su agente o al funcionario público haciendo uso de un vehículo de motor.

b) Haciendo uso de armas u otros objetos peligrosos.

c) Cuando los hechos se lleven a cabo con ocasión de un motín, plante o incidente colectivo en el interior de un centro penitenciario.

d) Todas las respuestas son correctas.

89. Los que, actuando en grupo y con el fin de atentar contra la paz pública, ejecuten actos de violencia o intimidación sobre las personas o las cosas, cometerán un delito de:

a) Atentado.

b) Terrorismo.

c) Sedición.
d) Desórdenes públicos.

90. ¿Qué artículo de la Carta Magna dispone que los poderes públicos promoverán las condiciones para la participación libre y eficaz de la juventud en el desarrollo político, social, económico y cultural?

a) El art. 36.
b) El art. 42.
c) El art. 48.
d) El art. 49.

91. ¿Qué día se ha elegido desde 1991 a instancia de la organización de las Naciones Unidas (ONU), para celebrar el día Internacional de las Personas de Edad y destacar el cambio demográfico que está sufriendo la población mundial así como la necesidad de crear nuevas políticas y programas que beneficien a los miembros de la tercera edad?

a) El 15 de marzo.
b) El 25 de marzo.
c) El 9 de septiembre.
d) El 1 de octubre.

92. La condición de apátrida a los extranjeros que, manifestando que carecen de nacionalidad, reúnen los requisitos previstos en la Convención sobre el Estatuto de Apátridas y les expedirá la documentación prevista en el artículo 27 de la citada Convención, corresponde:

a) Al Ministro con competencias en Justicia.
b) Al Ministro con competencias en Interior.
c) Al Ministro con competencias en Exteriores.
d) Al Presidente del Gobierno.

93. Las mujeres extranjeras víctimas de violencia de género que se encuentren en España en situación irregular:

a) Les será concedida la nacionalidad española.
b) Obtendrán un permiso de residencia de larga duración.
c) Podrán obtener la residencia temporal y de trabajo.
d) Tendrán derecho a la residencia.

94. No está considerada entre las reacciones agudas adversas derivadas del consumo de cannabis:

a) Depresión.
b) Síndrome de abstinencia.
c) Despersonalización.
d) Psicosis tóxicas agudas.

95. El abuso de inhalantes presenta:

a) Dependencia física grave.
b) Síndrome de abstinencia.
c) Intolerancia.
d) Dependencia psíquica.

96. La primera fase del tratamiento de las toxicomanías la constituye:

a) La fase de desintoxicación.
b) La fase de acogida.
c) La fase de información.
d) La fase de deshabituación.

97. La Ley en vigor sobre seguridad ciudadana es:

a) La Ley Orgánica 4/2015, de 30 de marzo.
b) La Ley Orgánica 2/1986, de 13 de marzo.
c) La Ley 5/2014, de 4 de abril.
d) Ley Orgánica 9/2011, de 27 de julio.

98. La función de garantizar la soberanía e independencia de España y defender la integridad territorial y el ordenamiento constitucional corresponde a:

a) La Policía Nacional y la Guardia Civil.
b) Los políticos.
c) Las Fuerzas Armadas.
d) Los Juzgados y Tribunales.

99. Curiosamente, el Código Europeo de Ética de la Policía no reconoce a las personas privadas de libertad por la Policía el derecho a:

a) Que su detención sea notificada a una tercera persona de su elección.
b) Acceder a un abogado.
c) No confesarse culpable.
d) Ser examinadas por un médico.

100. En cuanto a la responsabilidad y control de la policía, el Código Europeo de Ética recomienda que esta actividad se lleve a cabo por:

a) El poder legislativo.
b) El poder ejecutivo.
c) El poder judicial.
d) Los tres poderes anteriormente citados.

Solución al simulacro n.º 7

1. b) Por un periodo de nueve años, renovándose por terceras partes cada tres años.

2. a) Por terceras partes cada tres años.

3. a) Conocer los conflictos en defensa de la autonomía local.

4. b) El 31 de octubre de 1978.

5. b) Publicidad de las normas, legalidad, seguridad jurídica y jerarquía normativa.

6. b) A las Fuerzas Armadas.

7. b) Las Cortes Generales.

8. d) Las respuestas a) y b) son correctas.

9. a) De un mínimo de 300 y un máximo de 400.

10. c) El Presidente del Congreso.

11. b) 50.

12. a) Presidente, Pleno, Comisión Permanente, Comisión Disciplinaria, Comisión de Asuntos Económicos y Comisión de Igualdad.

13. d) El sometimiento exclusivo de la Ley.

14. b) De la Revolución Francesa.

15. c) Regular la estructura y funcionamiento de la Escuela Judicial.

16. d) Los Ministros y los Secretarios de Estado.

17. d) Todas son correctas.

18. d) Las respuestas a) y b) son correctas.

19. b) La aprobación del reglamento orgánico y de las ordenanzas.

20. a) Dentro de los diez días siguientes a aquel en que el Alcalde o Presidente haya designado a los miembros que la integran.

21. d) El Pleno del Ayuntamiento.

22. d) Ninguna es correcta.

23. a) Diez días.

24. c) El Presidente, oídos los Portavoces.

25. d) Cooperación y colaboración.

26. d) Preverán el comienzo de su vigencia el 2 de enero o el 1 de julio siguientes a su aprobación.

27. a) Por delegación.

28. c) Es toda disposición jurídica de carácter general dictada por una Administración Pública y con valor subordinado a la Ley.

29. c) Cuando se trate de actos integrantes de un procedimiento selectivo o de concurrencia competitiva de cualquier tipo.

30. a) Que el interesado haya señalado dicho medio como preferente.

31. b) La oposición o no del interesado a que la Administración consulte o recabe documentos que ya se encuentren en su poder.

32. c) Debe condicionarse al desistimiento o renuncia de cualquier acción o recurso en vía administrativa.

33. b) De suministros.

34. a) A consecuencia del funcionamiento normal o anormal de los servicios públicos.

35. d) Todas las respuestas son correctas.

36. a) Funcionarios de carrera, Funcionarios interinos, Contratados en régimen de Derecho Laboral (Personal Laboral) Personal Eventual y personal directivo profesional.

37. a) Durante el año inmediatamente posterior.

38. b) 3 meses.

39. d) Directo de carácter real.

40. c) Con una Unidad del Cuerpo Nacional de Policía adscrita a la Comunidad Autónoma.

41. a) La vigilancia y protección de personas, órganos, edificios, establecimientos y dependencias de la Comunidad Autónoma y de sus Entes instrumentales, garantizando el normal funcionamiento de las instalaciones y la seguridad de los usuarios de sus servicios.

42. b) Una Comisión Local de Seguridad.

43. b) Sus funciones.

44. d) Artículo 17.

45. a) Estima.

46. a) Los quince días siguientes a la fecha de la firmeza de la sanción.

47. c) Muy graves.

48. d) 70 km/h.

49. c) 40 km/h.

50. c) 5 años.

51. a) 1 año.

52. c) 50 metros.

53. a) Señales de identificación de carreteras.

54. d) Todas las respuestas son correctas.

55. d) Libertad de contratación.

56. c) Cada dos años.

57. c) Cada dos años.

58. c) Cuando ambos vehículos impactan por su parte delantera, teniendo los ejes longitudinales de ambos la misma dirección o un ángulo inferior a 90º.

59. d) Ley Orgánica 2/1986, de 13 de marzo.

60. b) Atenuante por analogía.

61. b) Consecuencias accesorias.

62. c) Que el secuestro exige alguna condición para poner en libertad al detenido.

63. b) Coacciones.

64. a) Cuando se recibe o abre la misiva.

65. c) Calumnia.

66. a) Los 50.000 euros.

67. c) Delitos socioeconómicos.

68. d) Estableciendo a todos los niveles de los servicios de policía medidas eficaces para prevenir y luchar contra la corrupción.

69. c) Oficial.

70. b) La fabricación, comercialización o reunión de cinco o más de dichas armas, aun cuando se hallen en piezas desmontadas.

71. a) Las armas han sido transformadas, modificando sus características originales.

72. d) La Comisión Ejecutiva.

73. b) Prohibición de comunicación.

74. d) Se den situaciones de arraigo.

75. a) Cuando se adquiera la residencia de larga duración en otro Estado miembro.

76. b) Tolerancia cruzada.

77. d) Intoxicación aguda.

78. b) A la prevención de enfermedades por vía parenteral.

79. a) Actúa bloqueando los receptores opiáceos.

80. b) Programa Centro de Día.

81. b) Libertad.

82. c) No está amparado por el principio de adecuación de las funciones policiales al ordenamiento jurídico.

83. c) El deber de guardar secreto acerca de todas las cuestiones de carácter confidencial de las cuales tenga conocimiento.

84. d) La Declaración sobre la Policía y el Código de conducta.

85. d) Todas las respuestas son correctas.

86. a) Prevaricación administrativa.

87. b) Imparcialidad.

88. d) Todas las respuestas son correctas.

89. d) Desórdenes públicos.

90. c) El art. 48.

91. d) El 1 de octubre.

92. b) Al Ministro con competencias en Interior.

93. c) Podrán obtener la residencia temporal y de trabajo.

94. b) Síndrome de abstinencia.

95. d) Dependencia psíquica.

96. c) La fase de información.

97. a) La Ley Orgánica 4/2015, de 30 de marzo.

98. c) Las Fuerzas Armadas.

99. c) No confesarse culpable.

100. d) Los tres poderes anteriormente citados.

SIMULACRO N.º 8

1. ¿Qué órgano es el intérprete supremo de la Constitución, independiente de los demás órganos y sometido únicamente a la Constitución Española?

a) El Consejo de Estado.
b) El Consejo General del Poder Judicial.
c) El Tribunal Constitucional.
d) La Diputación Permanente.

2. Una de las principales características de la Constitución Española es su rigidez, lo que significa:

a) Que sus normas obligan de igual forma a todos los ciudadanos.
b) Que su articulado se encuentra perfectamente definido.
c) Que es difícilmente modificable.
d) Que españoles y extranjeros están obligados a cumplir rígidamente sus preceptos.

3. A tenor del artículo 27 de la Constitución Española, la enseñanza básica es:

a) Obligatoria y gratuita.
b) Voluntaria y gratuita.
c) Siempre obligatoria y, en determinadas circunstancias, gratuita.
d) Obligatoria y semi-gratuita.

4. La Constitución Española consta de un Título Preliminar y los siguientes Títulos:

a) 10.
b) 12.
c) 11.
d) 9.

5. ¿Cuál de los siguientes no es uno de los valores superiores de nuestro ordenamiento jurídico?

a) El pluralismo político.
b) La solidaridad.
c) La libertad.
d) La igualdad.

6. ¿Cuál de los siguientes enunciados no es un valor superior del ordenamiento jurídico, según la Constitución Española?

a) Seguridad.
b) Justicia.
c) Igualdad.
d) Libertad.

7. ¿Cuántos senadores elige la isla de La Palma?

a) Cuatro.
b) Tres.
c) Dos.
d) Uno.

8. ¿Cómo se organiza la Sección de Enjuiciamiento del Tribunal de Cuentas?

a) En Salas integradas por un Presidente y dos Consejeros de Cuentas, y asistidas por uno o más Secretarios.
b) En Departamentos sectoriales y territoriales.
c) Por doce Consejeros de Cuentas, uno de los cuales será el Presidente, y el Fiscal.
d) Por el Presidente y los Consejeros de Cuentas Presidentes de Sección.

9. ¿Cuál de los siguientes no puede refrendar los actos del Rey?

a) El Presidente del Gobierno.
b) El Ministro de Hacienda.
c) El Presidente del Congreso.
d) El Presidente del Senado.

10. ¿Cuándo debe de ser convocado el Congreso electo una vez celebradas las elecciones?

a) Entre los treinta y los sesenta días desde la celebración de las elecciones.
b) Al mes de la celebración de las elecciones.
c) Dentro de los veinticinco días siguientes a la celebración de las elecciones.
d) Ninguna es correcta.

11. ¿Cómo señala la Constitución, en su artículo 137, que se organiza territorialmente el Estado?

a) Municipios, Partidos, Provincias y en las Comunidades Autónomas que se constituyan.
b) Municipios, Provincias o Islas y en las Comunidades Autónomas que se constituyan.
c) Municipios, Provincias y en las Comunidades Autónomas que se constituyan.
d) Municipios, Provincias, Comarcas, Áreas Metropolitanas, Mancomunidades y Comunidades Autónomas.

12. ¿A qué criterios responde la actuación del Ministerio Fiscal en lo que a su organización interna se refiere, artículo 124,2.º de la Constitución Española?

a) Unidad de actuación y dependencia jerárquica.
b) Legalidad, subjetividad y dependencia jerárquica.
c) Responsabilidad, independencia y unidad de actuación.
d) Legalidad, dependencia jerárquica e irresponsabilidad.

13. ¿Cuántos Juzgados Centrales de Menores habrá en la villa de Madrid, con jurisdicción en toda España?

a) 1.
b) 2.
c) 3.
d) Ninguna es correcta.

14. ¿Cuál de las siguientes funciones no es competencia del Ministerio Fiscal según el artículo 124 de la Constitución?

a) Velar por la independencia de los Tribunales.
b) Defender el interés público tutelado por la Ley.
c) Defender los derechos de los ciudadanos.
d) Inspección de Juzgados y Tribunales.

15. ¿De qué conocen los Juzgados de Violencia sobre la Mujer, en virtud del nuevo artículo 87 ter de la Ley Orgánica del Poder Judicial?

a) Del orden penal.
b) Del orden civil.
c) Las respuestas a) y b) son correctas.
d) Exclusivamente del orden penal y económico.

16. En España, el Gobierno de la Nación responde solidariamente de su gestión ante:

a) El Congreso de los Diputados.
b) El Senado.
c) Las Cortes Generales.
d) Ante nadie.

17. ¿Qué materias no pueden ser objeto de delegación por parte de las Cámaras a las Comisiones Legislativas Permanentes?

a) Las cuestiones internacionales.
b) Las Leyes Orgánicas y de Bases.
c) Los Presupuestos Generales del Estado.
d) Todas son correctas.

18. ¿Cuál de los siguientes recursos pueden ser utilizados por las Comunidades Autónomas según el artículo 157.1.º de la Constitución?

a) Rendimientos procedentes de su patrimonio e ingresos de derecho privado.
b) El producto de las operaciones de crédito.
c) Sus propios impuestos, tasas y contribuciones especiales.
d) Todas son correctas.

19. De las siguientes atribuciones, señala cuál no corresponde al Pleno del Ayuntamiento:

a) La aprobación y modificación de los reglamentos de naturaleza orgánica.
b) Los acuerdos relativos a la participación en organizaciones supramunicipales.
c) El planteamiento de conflictos de competencia a otras entidades locales y otras administraciones públicas.
d) Ordenar la publicación, ejecución y cumplimiento de los acuerdos de los órganos ejecutivos del Ayuntamiento.

20. ¿Cuáles son las Entidades Locales integradas por los Municipios de grandes aglomeraciones urbanas entre cuyos núcleos de población existen vinculaciones económicas y sociales que hacen necesaria la planificación conjunta y la coordinación de determinados servicios y obras?

a) Las Áreas Metropolitanas.
b) Las Comarcas.
c) Las Mancomunidades de Municipios.
d) Las Provincias.

21. ¿Cuál es la Ley reguladora de las Bases del Régimen Local, que define al Municipio como Entidad básica de la organización territorial del Estado?

a) La Ley 7/1985, de 2 de mayo.
b) La Ley 2/1985, de 2 de mayo.
c) La Ley 7/1985, de 2 de marzo.
d) La Ley 7/1985, de 2 de abril.

22. ¿Quién resuelve las cuestiones que se susciten entre municipios de distintas Comunidades Autónomas sobre deslinde de sus términos municipales?

a) La Administración General del Estado.
b) El Consejo de Estado.
c) El Instituto Geográfico Nacional.
d) Una Comisión creada al efecto, integrada por todos los Alcaldes de los municipios afectados.

23. ¿Tras cuántas llamadas al orden en la misma sesión el Presidente podrá ordenar a un Concejal que abandone el Salón de Sesiones?

a) Tras dos llamadas al orden.
b) Tras tres llamadas al orden.
c) En cuanto lo estime oportuno.
d) En cuanto produzca interrupciones o, de cualquier otra forma, altere el orden de las sesiones.

24. ¿Qué derechos adquieren los vecinos de un municipio al inscribirse en el Padrón?

a) Ser elector y elegible.
b) Utilizar, de acuerdo con su naturaleza, los servicios públicos municipales y acceder a los aprovechamientos comunales, conforme a las normas aplicables.
c) Servir a los extranjeros de prueba de la residencia legal en España.
d) Solo las respuestas a) y b) son correctas.

25. Los interesados en el procedimiento sancionador, tienen derecho:

a) A conocer, en la fase de audiencia, su estado de tramitación y a acceder y obtener copias de los documentos contenidos en el mismo.
b) A conocer, en la fase de resolución, su estado de tramitación y a acceder y obtener copias de los documentos contenidos en el mismo.
c) A conocer, en cualquier momento del procedimiento, su estado de tramitación y a acceder y obtener copias de los documentos contenidos en el mismo.
d) A obtener, en la fase de resolución, copias de los documentos contenidos en el procedimiento.

26. Aquellos Reglamentos que se limitan a desarrollar los preceptos contenidos en una Ley o acto equiparado a ella, se denominan:

a) Órdenes.
b) Reglamentos ejecutivos.
c) Decretos.
d) Reglamentos independientes.

27. Entre los límites que existen a la potestad reglamentaria, no se encuentra:

a) El de limitar derechos a particulares.
b) Establecer o imponer penas.
c) La interdicción de la arbitrariedad.
d) Establecer tributos u otro tipo de cargas similares.

28. Las Ordenanzas dictadas por las Corporaciones Locales:

a) Pueden ser periódicas, urgentes o de Policía y Buen Gobierno.
b) Son aprobadas por el Pleno municipal.
c) Tratan de medidas, en general, temporales y de carácter instrumental, al regular cuestiones de índole menor.
d) Entran en vigor en el momento de su publicación, salvo las fiscales.

29. En los procedimientos de carácter sancionador, la propuesta de resolución:

a) Se dictará en todo caso.
b) No será necesaria, salvo que el órgano encargado de resolver sea el mismo que hizo la instrucción.
c) Será dictada por regla general, pudiendo no hacerse cuando proceda el archivo de las actuaciones por inexistencia de infracción o por prescripción.
d) No se dictará en ningún caso.

30. Las resoluciones de los procedimientos de naturaleza sancionadora gozarán de ejecutoriedad:

a) Desde que son dictadas.
b) Cuando son firmes.
c) Cuando contra ellas no quepa recurso administrativo alguno.
d) Desde que se haya interpuesto recurso contencioso administrativo.

31. Son actos de instrucción en los procedimientos administrativos de las entidades locales:

a) Las alegaciones.
b) La denuncia.
c) La solicitud.
d) La resolución.

32. La responsabilidad patrimonial de las Administraciones Públicas:

a) Exige que el daño causado sea efectivo, evaluable económicamente e individualizable.
b) Se dará cuando el daño se deba a hechos que no pudieron preverse que se derivarían de la actuación administrativa.
c) Presupone el derecho del particular a ser indemnizado por la anulación del acto administrativo.
d) Solo se reconocerá en los casos en que el particular tenga el deber jurídico de soportar el daño.

33. La llamada "acción de regreso" en el ámbito de la responsabilidad patrimonial de las Administraciones Públicas es aquella:

a) Mediante la que la Administración exige a los particulares la devolución de las indemnizaciones que les han sido reconocidas, cuando entiendan que su satisfacción contraviene al interés público.

b) En virtud de la cual la Administración puede exigir a las autoridades y personal a su servicio que le resarzan de lo que se ha visto obligada a indemnizar a consecuencia de actos cometidos por estos.

c) Que impide condenar a la Administración por las lesiones causadas por las autoridades y personal a su servicio.

d) Que permite a la Administración solicitar la indemnización que le corresponda por las lesiones que le causen las actividades de los particulares.

34. Los efectos del transcurso del plazo sin que se haya dictado resolución expresa en los procedimientos de responsabilidad patrimonial de las Administraciones Públicas serán:

a) Desestimatorios siempre.

b) Estimatorios siempre.

c) Estimatorios cuando los haya iniciado el particular.

d) Desestimatorios únicamente cuando se hayan iniciado de oficio.

35. El artículo 130.1 TR/86 dispone que "son Funcionarios de la Administración Local las personas vinculadas a ella por una relación de servicios profesionales y retribuidos, regulada por el Derecho Administrativo". De esta definición se deducen las características siguientes:

a) Vinculación permanente, por lo que no tendrán la condición de Funcionarios quienes realicen servicios de carácter ocasional.

b) Retribución con cargo a la Entidad Local.

c) Sometimiento de la relación funcionarial al Derecho Administrativo.

d) Todas las respuestas son correctas.

36. Conforme al artículo 22 Estatuto Básico del Empleado Público, las retribuciones de los funcionarios de carrera se clasifican en:

a) Básicas y complementarias.

b) Ordinarias y extraordinarias.

c) Comunes y específicas.

d) Generales y específicas.

37. El tiempo de suspensión provisional, como consecuencia de un expediente disciplinario a un funcionario policial, por hechos que no son objeto de procedimiento penal, no podrá exceder en caso de faltas muy graves, de:

a) 3 meses.

b) 6 meses.

c) 9 meses.
d) 1 año.

38. Conforme al artículo 34 de la Ley Orgánica 4/2010, de 20 de mayo, del Régimen Disciplinario del Cuerpo Nacional de Policía, el instructor ordenará la práctica de cuantas diligencias sean adecuadas para la determinación, conocimiento y comprobación de los datos en virtud de los cuales debe pronunciarse la resolución y, en particular, la práctica de cuantas pruebas y actuaciones conduzcan al esclarecimiento de los hechos y a determinar las responsabilidades susceptibles de sanción, en el plazo máximo de:

a) 15 días.
b) 1 mes.
c) 2 meses.
d) 3 meses.

39. Según el artículo 36 de la Ley Orgánica 4/2010, de 20 de mayo, del Régimen Disciplinario del Cuerpo Nacional de Policía, qué documento formulará el instructor, a la vista de las actuaciones practicadas, en el que se comprenderán todos y cada uno de los hechos sancionables que resulten de aquellas, con su posible calificación jurídica, así como de las sanciones que puedan aplicarse:

a) Expediente informativo.
b) Informe de alegaciones.
c) Pliego de cargos.
d) Propuesta de resolución.

40. Conforme al artículo 78 del Texto Refundido de la Ley Reguladora de las Haciendas Locales, el Impuesto sobre Actividades Económicas es un tributo:

a) Indirecto de carácter personal.
b) Indirecto de carácter real.
c) Directo de carácter real.
d) Indirecto de naturaleza mixta.

41. Conforme al art. 38 de la Ley Orgánica de Fuerzas y Cuerpos de Seguridad (LOFCS), las Comunidades Autónomas que creen Cuerpos de Policía Autónoma, podrán ejercer a través de sus Cuerpos de Policía la siguiente función, en colaboración con las Fuerzas y Cuerpos de Seguridad del Estado:

a) La inspección de las actividades sometidas a la ordenación o disciplina de la Comunidad Autónoma, denunciando toda actividad ilícita.
b) El uso de la coacción en orden a la ejecución forzosa de los actos o disposiciones de la propia Comunidad Autónoma.
c) Velar por el cumplimiento de las Leyes y demás disposiciones del Estado y garantizar el funcionamiento de los servicios públicos esenciales.
d) La cooperación a la resolución amistosa de los conflictos privados cuando sean requeridos para ello.

42. En relación a los Cuerpos de Policía Autónoma, es cierto que:

a) Son Institutos Armados de naturaleza militar.

b) Tienen una estructura y organización horizontal.

c) Corresponde su creación, modificación y supresión a los órganos competentes de cada Comunidad Autónoma, previo informe del Consejo de Política de Seguridad.

d) En ningún caso pueden actuar fuera del ámbito territorial respectivo.

43. El artículo 43 de la Ley Orgánica de las Fuerzas y Cuerpos de Seguridad, establece que los mandos de los Cuerpos de Policía Autónoma habrán de realizar, una vez designados y antes de su adscripción, un Curso de especialización homologado por:

a) El Departamento o Consejería de Interior o Gobernación de la Comunidad Autónoma.

b) El Ministerio del Interior.

c) El Ministerio competente en materia de educación.

d) Una Universidad pública radicada en la Comunidad Autónoma correspondiente.

44. ¿Con cuántos Vocales de la Administración Local contarán las Juntas Locales de Seguridad?

a) Uno.

b) Dos.

c) Tres.

d) Cuatro.

45. Según el artículo 9 del Real Decreto 1087/2010, de 3 de septiembre, por el que se aprueba el Reglamento que regula las Juntas Locales de Seguridad, estas se reunirán en sesión ordinaria al menos:

a) Una vez al mes.

b) Una vez cada dos meses.

c) Una vez al trimestre.

d) Una vez al semestre.

46. Según el artículo 16 del Real Decreto 1087/2010, de 3 de septiembre, por el que se aprueba el Reglamento que regula las Juntas Locales de Seguridad, las Juntas de Seguridad de Distrito tendrán como Vocales:

a) A los Jefes de Unidades policiales con competencia territorial en el Distrito.

b) A los Concejales.

c) A los funcionarios de la Junta Municipal designados por el Presidente de la misma.

d) A los mismos representantes de la Administración Local en la Junta Local de Seguridad.

47. Según el artículo 520 de la LECr., quienes acuerden la medida de detención o prisión provincial y los encargados de practicarla así como de los traslados ulteriores, velarán por los derechos constitucionales al honor, intimidad e imagen de aquellos, con respeto al derecho fundamental a:

a) La libertad de información.
b) La libertad de expresión.
c) El secreto de las comunicaciones.
d) La libertad de circulación por el territorio nacional.

48. Si un detenido no hubiere designado abogado, o el elegido rehusare el encargo o no fuere hallado, el Colegio de Abogados procederá de inmediato al nombramiento de un abogado del turno de oficio. El abogado designado acudirá al centro de detención con la máxima premura, siempre dentro del plazo máximo, desde la recepción del encargo, de:

a) 3 horas.
b) 4 horas.
c) 6 horas.
d) 8 horas.

49. La autoridad judicial española podrá dictar una orden europea de detención y entrega con el fin de proceder al ejercicio de acciones penales, por hechos para los que la ley penal española señale una pena o una medida de seguridad privativa de libertad cuya duración máxima sea, al menos, de:

a) 12 meses.
b) 2 años y un día.
c) 3 años y un día.
d) 4 años y un día.

50. Según el artículo 2 de la Ley 17/2015, de 9 de julio, del Sistema Nacional de Protección Civil, se entiende por amenaza:

a) Al potencial de ocasionar daño en determinadas situaciones a colectivos de personas o bienes que deben ser preservados por la protección civil.

b) La característica de una colectividad de personas o bienes que los hacen susceptibles de ser afectados en mayor o menor grado por un peligro en determinadas circunstancias.

c) Una situación de riesgo colectivo sobrevenida por un evento que pone en peligro inminente a personas o bienes y exige una gestión rápida por parte de los poderes públicos para atenderlas y mitigar los daños, y así tratar de evitar que se convierta en una catástrofe.

d) Una situación en la que personas y bienes preservados por la protección civil están expuestos en mayor o menor medida a un peligro inminente o latente.

51. ¿Quién aprueba la Estrategia Nacional de Protección Civil?

a) El Ministerio del Interior.
b) El Consejo de Ministros, a propuesta del Ministro del Interior.
c) El Consejo de Seguridad Nacional, a propuesta del Ministro del Interior.
d) El Consejo de Ministros, a propuesta del Consejo de Seguridad Nacional.

52. Según el artículo 7 bis de la Ley 17/2015, de 9 de julio, del Sistema Nacional de Protección Civil, en relación al deber de colaboración, es cierto que:

a) En los casos de emergencia, cualquier persona, a partir de la mayoría de edad, estará obligada a la realización de las prestaciones personales que exijan las autoridades competentes en materia de protección civil, con derecho a indemnización por esta causa, y al cumplimiento de las órdenes e instrucciones, generales o particulares, que aquellas establezcan.
b) Cuando la naturaleza de las emergencias lo haga necesario, las autoridades competentes en materia de protección civil podrán proceder a la requisa temporal de todo tipo de bienes, así como a la intervención u ocupación transitoria de los que sean necesarios y, en su caso, a la suspensión de actividades. Quienes como consecuencia de estas actuaciones sufran perjuicios en sus bienes y servicios, no tendrán derecho a ser indemnizados.
c) Las medidas restrictivas de derechos que sean adoptadas o las que impongan prestaciones personales o materiales tendrán una vigencia limitada al tiempo estrictamente necesario para hacer frente a las emergencias y deberán ser adecuadas a la entidad de la misma.
d) Los servicios de vigilancia y protección frente a riesgos de emergencias de las empresas públicas o privadas no se considerarán colaboradores en la protección civil.

53. El recorrido marcha atrás, como maniobra complementaria de la parada, el estacionamiento o la incorporación a la circulación no podrá ser superior a (a partir de):

a) 5 metros.
b) 10 metros.
c) 15 metros.
d) 20 metros.

54. El conductor de un automóvil que pretenda realizar un adelantamiento a un ciclo o ciclomotor, o conjunto de ellos, debe realizarlo ocupando parte o la totalidad del carril contiguo o contrario, en su caso, de la calzada y guardando una anchura de seguridad de, al menos:

a) 1,5 metros.
b) 2 metros.
c) 2,5 metros.
d) 3 metros.

55. Según los artículos 40 TRLTSV y 94 RGC, se prohíbe parar en:

a) En zonas señalizadas para carga y descarga.
b) En doble fila.
c) En zonas señalizadas para uso exclusivo de personas con discapacidad.
d) En los carriles destinados al uso exclusivo del transporte público urbano, o en los reservados para las bicicletas.

56. El titular de la autorización para conducir cuya pérdida de vigencia haya sido declarada por haber perdido la totalidad de los puntos que tuviera asignados, podrá obtener nuevamente un permiso o licencia de conducción de la misma clase de la que era titular y con la misma antigüedad, previa realización y superación con aprovechamiento de un curso de sensibilización y reeducación vial de recuperación del permiso o la licencia de conducción, y posterior superación de la prueba de control de conocimientos. El titular de la autorización no podrá obtener un nuevo permiso o una nueva licencia de conducción hasta que hayan transcurrido desde la fecha en que le fue notificado el acuerdo de declaración de la pérdida de vigencia, en caso de conductores profesionales:

a) 3 meses.
b) 6 meses.
c) 1 año.
d) 3 años.

57. Deberá estar provisto de un indicador de velocidad en kilómetros por hora todo vehículo de motor capaz de alcanzar en llano una velocidad superior a los:

a) 25 km/h.
b) 40 km/h.
c) 50 km/h.
d) 60 km/h.

58. Todo ciclomotor de dos ruedas deberá estar provisto de (señalar opción incorrecta):

a) Luz de posición trasera.
b) Luz de frenado.
c) Catadióptrico trasero no triangular.
d) Luz antiniebla trasera.

59. La señal S-540. Situación de límite de provincia, es una señal de orientación del tipo:

a) Señales de identificación de carreteras.
b) Señales de localización.
c) Señales de confirmación.
d) Señales de preseñalización.

60. Es una señal de localización:

a) S-500. Entrada a poblado.
b) S-600. Confirmación de poblaciones en un itinerario por carretera convencional.
c) S-700. Lugares de la red viaria urbana.
d) S-920. Entrada a España.

61. Es una señal de dirección:

a) S-118. Información turística.
b) S-200. Preseñalización de glorieta.
c) S-320. Lugares de interés por carretera convencional.
d) S-420. Carretera de la red general del Estado.

62. No será necesaria la previa obtención de autorización para realizar la siguiente modalidad de transporte:

a) Transporte de viajeros en vehículos de turismo, salvo que se trate de transporte sanitario.
b) Transporte funerario.
c) Transportes privados particulares.
d) Todas las respuestas son correctas.

63. Señala la respuesta incorrecta respecto a las reglas específicas sobre el transporte discrecional de viajeros:

a) Los vehículos amparados en una autorización de transporte de viajeros podrán transportar, conforme a lo que reglamentariamente se determine, objetos o encargos distintos de los equipajes de los viajeros, cuando su transporte resulte compatible con las características del vehículo y no implique molestias o inconvenientes injustificados para los viajeros.
b) Los transportes discrecionales de viajeros deberán ser contratados, como regla general, por plaza con pago individual.
c) La autorización de transporte público de viajeros habilita tanto para realizar transportes de esta clase como para intermediar en su contratación.
d) En todo caso, la autorización habilita para transportar el equipaje de los viajeros que ocupen el vehículo utilizado.

64. ¿Qué Acuerdo Europeo regula el Transporte Internacional de Mercancías Peligrosas por Carretera?

a) El Acuerdo Europeo de Berlín de 1972.
b) El Acuerdo Europeo de Niza de 1950.
c) El Acuerdo Europeo de París de 1950.
d) El Acuerdo Europeo de Ginebra de 1957.

65. Los taxis con una antigüedad de 4 años se someterán a la inspección técnica periódica:

a) Cada seis meses.
b) Cada tres años.
c) Cada dos años.
d) Cada año.

66. Una caravana remolcada de siete años pasará la inspección técnica periódica:

a) Cada seis meses.
b) Cada tres años.
c) Cada dos años.
d) Cada año.

67. En el informe se ha de incluir un análisis de:

a) La vía.
b) Los testigos.
c) Los involucrados.
d) Todas las respuestas anteriores son correctas.

68. La institución del Atestado está recogida principalmente en:

a) Los artículos 292 a 297 del Título III, Libro II de la Ley de Enjuiciamiento Criminal.
b) Los artículos 360 a 397 del Título I, Libro III de la Ley 55/1978, de 4 de diciembre.
c) Los artículos 360 a 397 del Título I, Libro III de la Ley Orgánica 2/1986.
d) Los artículos 172 a 206 del Título II, Libro II de la Ley Orgánica 2/1986.

69. Señala cuál de las siguientes no es una pena leve:

a) La prohibición de aproximarse a la víctima o a aquellos de sus familiares u otras personas que determine el juez o tribunal, por tiempo de un mes a menos de seis meses.
b) La privación del derecho a conducir vehículos a motor y ciclomotores de tres meses a un año.
c) La localización permanente de un día a tres meses.
d) La suspensión de empleo o cargo público hasta cinco años.

70. La clasificación del condenado en el tercer grado deberá ser autorizada por el tribunal previo pronóstico individualizado y favorable de reinserción social, oído:

a) El Ministerio Fiscal.
b) Instituciones Penitenciarias.
c) El Médico Forense.
d) Son correctas las respuestas a y b.

71. El sujeto activo del delito de torturas puede ser, según el art.174.1 del CP:

a) La autoridad o funcionario público.

b) Puede ser cualquier persona.

c) Puede ser cualquier persona, y si es funcionario público la pena se agrava.

d) La autoridad o funcionario de instituciones penitenciarias o de centros de protección o corrección de menores que cometiere, respecto de detenidos, internos o presos. Agravándose en ese caso en uno o dos grados.

72. Si alguien exige de otro una cantidad bajo la amenaza de revelar la comisión de un delito, el Ministerio Fiscal:

a) Podrá abstenerse de acusar por el delito cuya revelación se hubiere amenazado siempre que este estuviere castigado con pena inferior a 2 años.

b) El Ministerio Fiscal siempre deberá acusar por el delito con cuya revelación se hubiere amenazado.

c) Podrá abstenerse de acusar por el delito con cuya revelación se hubiere amenazado siempre que las circunstancias del hecho lo aconsejen.

d) Podrá abstenerse de acusar por el delito cuya revelación se hubiere amenazado siempre que este estuviere castigado con pena inferior a 3 años.

73. Constituye una agravante específica del delito de utilización de menores o incapaces para la mendicidad:

a) Ser reincidente.

b) El empleo de violencia o intimidación.

c) Prevalecerse del carácter público que tenga el culpable.

d) Todas las respuestas son correctas.

74. La calumnia y la injuria se reputarán hechas con publicidad:

a) Cuando se propaguen por medio de la radiodifusión.

b) Cuando se propaguen por medio de la imprenta.

c) Cuando se propaguen por cualquier medio de eficacia semejante a la imprenta o a la radiodifusión.

d) Todas las respuestas son correctas.

75. ¿Qué daños, causados por imprudencia grave, se sancionan en el Código Penal?

a) Todos.

b) Los daños causados por imprudencia grave en cuantía superior a 80.000 euros.

c) Los daños causados por imprudencia grave en cuantía superior a 50.000 euros.

d) Los daños causados por imprudencia grave en cuantía superior a 30.000 euros.

76. En el Capítulo XIII, del Título XIII del C.P. se tipifican los llamados delitos societarios, denominados también como delitos:

a) Financieros.
b) Empresariales.
c) Económicos.
d) De mercado.

77. La aseveración de lo que no es cierto, constituye una falsedad:

a) Material.
b) Ideológica.
c) Formal.
d) Subjetiva.

78. Cuando se altera total o parcialmente el documento, hablamos de falsedad:

a) Material.
b) Real.
c) Formal.
d) Ideológica o intelectual.

79. El delito de tenencia ilícita de armas, solo puede cometerse:

a) De forma dolosa.
b) De forma dolosa o por imprudencia grave.
c) De forma dolosa o por imprudencia grave o leve.
d) De forma dolosa o imprudente.

80. ¿En qué artículo de la Constitución Española está recogido el derecho de petición?

a) En el artículo 28.
b) En el artículo 29.
c) En el artículo 33.
d) En el art. 37.

81. ¿A quién ha de comunicarse el auto de orden de protección?

a) A las Fuerzas de Seguridad.
b) Al Fiscal.
c) A las partes.
d) Todas las respuestas son correctas.

82. A tenor de la Ley Orgánica 3/2007, de 22 de marzo, para la igualdad efectiva de mujeres y hombres, se entiende por composición equilibrada, la presencia de mujeres y hombres de forma que, en el conjunto a que se refiera, las personas de cada sexo:

a) Represente el 50 % cada uno.
b) No superen el 60 % ni menos del 40 %.
c) No superen el 55 % ni menos del 45 %.
d) No superen el 70 % ni menos del 30 %.

83. Los extranjeros que cursen en España estudios de formación sanitaria especializada de acuerdo con la Ley 44/2003, de 11 de noviembre, de profesiones sanitarias:

a) Obtendrán un permiso de residencia temporal.
b) Podrán ser autorizados en régimen de estancia.
c) No se les exigirá visado en ningún caso.
d) Tendrán que contar con un permiso de trabajo previo.

84. Se reconocerá la condición de refugiado:

a) A quienes renuncien a la nacionalidad de su país de origen.
b) A quienes obtengan resolución favorable sobre la petición de asilo en España.
c) A quienes acrediten que no pueden ser documentados por las autoridades de ningún país.
d) A quienes se encuentren perseguidos por la justicia de otros países.

85. La sobredosis:

a) Se caracteriza por un conjunto de síntomas y signos que aparecen en el individuo cuando se interrumpe bruscamente o se disminuye la dosis de la sustancia psicoactiva que se está consumiendo.
b) Es el conjunto de síntomas y signos que aparecen cuando se introduce una cantidad de sustancias psicoactivas en el organismo, que este no puede tolerar.
c) Es la situación en la que el consumidor utiliza varias sustancias, bien al mismo tiempo o de manera intercalada, por lo que los efectos que se producen corresponden a la relación farmacológica y bioquímica que genera la combinación de las sustancias
d) Es el resultado de administrar un antagonista específico de la sustancia que se está consumiendo o antídoto de ella.

86. Es un psicofármaco:

a) El cannabis.
b) La Cocaína.
c) La benzodiacepina.
d) La anfetamina.

87. Los psicofármacos que crean mayor dependencia son:

a) Los llamados de vida larga.
b) Los de vida corta.
c) Los de vida media.
d) Ninguno, pues no crean dependencia.

88. No es un programa específico de la fase de reinserción de los drogodpendientes el de:

a) Viviendas de apoyo al tratamiento.
b) Inserción Laboral.
c) Red de Artesanos.
d) Viviendas de Apoyo a la Reinserción.

89. Cuando un paciente presenta una crisis convulsiva por deprivación del psicofármaco, es importante:

a) Procurar que no se trague o muerda la lengua.
b) Evitar que vomite.
c) Lavarlo con agua abundante.
d) Que no se duerma.

90. La responsabilidad por los actos que la actuación profesional de los miembros de las Fuerzas y Cuerpos de Seguridad lleven a cabo es:

a) Patrimonial de la Administración exclusivamente.
b) Personal y directa de los mismos.
c) Inexigible.
d) Subsidiaria.

91. El Código Ético de la Policía Nacional determina como valores inspiradores:

a) La obediencia debida en el acatamiento de las órdenes de los superiores sin que le sea dable valorar la legalidad de las mismas.
b) Responsabilizarse individualmente de todas las actuaciones profesionales.
c) La fidelidad al cuerpo, evitando enjuiciar la labor de los compañeros.
d) El secreto de sus actuaciones, incluso frente a la Administración de Justicia cuando no formen parte de la Policía Judicial.

92. Entre los principios básicos de actuación establecidos por la Ley Orgánica de Fuerzas y Cuerpos de Seguridad, el de dedicación profesional se refiere a:

a) La incompatibilidad con el ejercicio de cargo público.
b) Actuar, en el cumplimiento de sus funciones, con absoluta neutralidad política e imparcialidad.

c) Su intervención siempre, en cualquier tiempo y lugar, se hallaren o no de servicio, en defensa de la Ley y de la seguridad ciudadana.

d) Guardar riguroso secreto respecto a todas las informaciones que conozcan por razón o con ocasión del desempeño de sus funciones.

93. El Código Ético de la Policía Nacional determina como valores inspiradores:

a) La obediencia debida en el acatamiento de las órdenes de los superiores sin que le sea dable valorar la legalidad de las mismas.

b) Responsabilizarse individualmente de todas las actuaciones profesionales.

c) La fidelidad al cuerpo, evitando enjuiciar la labor de los compañeros.

d) El secreto de sus actuaciones, incluso frente a la Administración de Justicia cuando no formen parte de la Policía Judicial.

94. La cerveza no es una droga:

a) Depresora del Sistema Nervioso Central.

b) Institucionalizada.

c) Natural.

d) Estimulante del Sistema Nervioso Central.

95. La droga sintética denominada éxtasis se presenta en su forma pura como:

a) Un comprimido rosa.

b) Una pasta marrón.

c) Una pastilla de color azul.

d) Un polvo cristalino blanco.

96. La complicación física más común en los casos de sobredosis de MDMA es:

a) La hipotensión.

b) La dilatación pupilar.

c) El "golpe de calor".

d) La somnolencia.

97. Los alucinógenos:

a) Generan dependencia física y psicológica.

b) Requieren de una gran dosis para producir efectos.

c) LSD y Cannabis son los más conocidos.

d) A altas dosis pueden producir la muerte por ingestión directa.

98. La pasta hecha con la resina prensada que segrega la parte florida del cáñamo es el:

a) Aceite de hachís.

b) Inhalante.

c) Hachís.
d) Cogollo.

99. Los centros de acogida a la población drogodependiente con mayores problemas de marginación, que atienden sus necesidades básicas y la ponen en contacto con otros recursos de mayor exigencia de la red asistencial son:

a) Los Centros de Encuentro y Acogida.
b) Los Centros de emergencia social.
c) Los Centros de día.
d) Las Comunidades Terapéuticas.

100. Las oficinas de farmacia participan de los programas de:

a) Reducción del daño asociado al consumo de drogas.
b) Unidades de desintoxicación hospitalaria.
c) Centro de Día.
d) Inserción Laboral.

Solución al simulacro n.º 8

1. c) El Tribunal Constitucional.

2. c) Que es difícilmente modificable.

3. a) Obligatoria y gratuita.

4. a) 10.

5. b) La solidaridad.

6. a) Seguridad.

7. d) Uno.

8. a) En Salas integradas por un Presidente y dos Consejeros de Cuentas, y asistidas por uno o más Secretarios.

9. d) El Presidente del Senado.

10. c) Dentro de los veinticinco días siguientes a la celebración de las elecciones.

11. c) Municipios, Provincias y en las Comunidades Autónomas que se constituyan.

12. a) Unidad de actuación y dependencia jerárquica.

13. a) 1.

14. d) Inspección de Juzgados y Tribunales.

15. c) Las respuestas a) y b) son correctas.

16. a) El Congreso de los Diputados.

17. d) Todas son correctas.

18. d) Todas son correctas.

19. d) Ordenar la publicación, ejecución y cumplimiento de los acuerdos de los órganos ejecutivos del Ayuntamiento.

20. a) Las Áreas Metropolitanas.

21. d) La Ley 7/1985, de 2 de abril.

22. a) La Administración General del Estado.

23. b) Tras tres llamadas al orden.

24. d) Solo las respuestas a) y b) son correctas.

25. c) A conocer, en cualquier momento del procedimiento, su estado de tramitación y a acceder y obtener copias de los documentos contenidos en el mismo.

26. b) Reglamentos ejecutivos.

27. a) El de limitar derechos a particulares.

28. b) Son aprobadas por el Pleno municipal.

29. c) Será dictada por regla general, pudiendo no hacerse cuando proceda el archivo de las actuaciones por inexistencia de infracción o por prescripción.

30. c) Cuando contra ellas no quepa recurso administrativo alguno.

31. a) Las alegaciones.

32. a) Exige que el daño causado sea efectivo, evaluable económicamente e individualizable.

33. b) En virtud de la cual la Administración puede exigir a las autoridades y personal a su servicio que le resarzan de lo que se ha visto obligada a indemnizar a consecuencia de actos cometidos por estos.

34. a) Desestimatorios siempre.

35. d) Todas las respuestas son correctas.

36. a) Básicas y complementarias.

37. b) 6 meses.

38. a) 15 días.

39. c) Pliego de cargos.

40. c) Directo de carácter real.

41. c) Velar por el cumplimiento de las Leyes y demás disposiciones del Estado y garantizar el funcionamiento de los servicios públicos esenciales.

42. c) Corresponde su creación, modificación y supresión a los órganos competentes de cada Comunidad Autónoma, previo informe del Consejo de Política de Seguridad.

43. b) El Ministerio del Interior.

44. c) Tres.

45. d) Una vez al semestre.

46. a) A los Jefes de Unidades policiales con competencia territorial en el Distrito.

47. a) La libertad de información.

48. a) 3 horas.

49. a) 12 meses.

50. d) Una situación en la que personas y bienes preservados por la protección civil están expuestos en mayor o menor medida a un peligro inminente o latente.

51. c) El Consejo de Seguridad Nacional, a propuesta del Ministro del Interior.

52. c) Las medidas restrictivas de derechos que sean adoptadas o las que impongan prestaciones personales o materiales tendrán una vigencia limitada al tiempo estrictamente necesario para hacer frente a las emergencias y deberán ser adecuadas a la entidad de la misma.

53. c) 15 metros.

54. a) 1,5 metros.

55. d) En los carriles destinados al uso exclusivo del transporte público urbano, o en los reservados para las bicicletas.

56. a) 3 meses.

57. b) 40 km/h.

58. d) Luz antiniebla trasera.

59. b) Señales de localización.

60. a) S-500. Entrada a poblado.

61. c) S-320. Lugares de interés por carretera convencional.

62. d) Todas las respuestas son correctas.

63. b) Los transportes discrecionales de viajeros deberán ser contratados, como regla general, por plaza con pago individual.

64. d) El Acuerdo Europeo de Ginebra de 1957.

65. d) Cada año.

66. c) Cada dos años.

67. d) Todas las respuestas anteriores son correctas.

68. a) Los artículos 292 a 297 del Título III, Libro II de la Ley de Enjuiciamiento Criminal.

69. d) La suspensión de empleo o cargo público hasta cinco años.

70. d) Son correctas las respuestas a y b.

71. a) La autoridad o funcionario público.

72. a) Podrá abstenerse de acusar por el delito cuya revelación se hubiere amenazado siempre que este estuviere castigado con pena inferior a 2 años.

73. b) El empleo de violencia o intimidación.

74. d) Todas las respuestas son correctas.

75. b) Los daños causados por imprudencia grave en cuantía superior a 80.000 euros.

76. a) Financieros.

77. b) Ideológica.

78. a) Material.

79. a) De forma dolosa.

80. b) En el artículo 29.

81. d) Todas las respuestas son correctas.

82. b) No superen el 60 % ni menos del 40 %.

83. b) Podrá ser autorizado en régimen de estancia.

84. b) A quienes obtengan resolución favorable sobre la petición de asilo en España.

85. b) Es el conjunto de síntomas y signos que aparecen cuando se introduce una cantidad de sustancias psicoactivas en el organismo, que este no puede tolerar.

86. c) La benzodiacepina.

87. b) Los de vida corta.

88. a) Viviendas de apoyo al tratamiento.

89. a) Procurar que no se trague o muerda la lengua.

90. b) Personal y directa de los mismos.

91. c) La fidelidad al cuerpo, evitando enjuiciar la labor de los compañeros.

92. c) Su intervención siempre, en cualquier tiempo y lugar, se hallaren o no de servicio, en defensa de la Ley y de la seguridad ciudadana.

93. b) Responsabilizarse individualmente de todas las actuaciones profesionales.

94. d) Estimulante del Sistema Nervioso Central.

95. d) Un polvo cristalino blanco.

96. c) El "golpe de calor".

97. c) LSD y Cannabis son los más conocidos.

98. c) Hachís.

99. b) Los Centros de emergencia social.

100. a) Reducción del daño asociado al consumo de drogas.

1. ¿Cuál de los siguientes artículos de la Constitución Española ha sido modificado?

a) 11.
b) 12.
c) 13.
d) 14.

2. Según el artículo 21 de la Constitución Española los derechos de reunión y manifestación:

a) Precisan autorización previa cuando se lleven a cabo en lugares públicos.
b) No necesitan autorización previa.
c) Pueden ejercerse siempre y en cualquier lugar.
d) Están siempre sujetos a grandes limitaciones.

3. ¿En qué fecha aprobaron las Cortes Generales la Constitución Española?

a) El 31 de octubre de 1978.
b) El 6 de diciembre de 1978.
c) El 27 de diciembre de 1978.
d) El 29 de diciembre de 1978.

4. Según la Constitución Española, el plazo máximo de detención es de:

a) Veinticuatro horas.
b) Setenta y dos horas en todo caso.
c) Setenta y dos horas, ampliable en supuestos excepcionales.
d) Setenta y dos horas, ampliable otras veinticuatro.

5. No es una característica de la Constitución Española de 1978:

a) Ser consensuada.
b) Ser flexible en su modificación.
c) Ser extensa.
d) Estar codificada en un solo texto.

6. No está contemplado en el artículo 18 de la Constitución Española:

a) El secreto de las comunicaciones.
b) La inviolabilidad del domicilio.
c) El uso de la informática.
d) El derecho a entrar y salir libremente de España.

7. ¿Cómo deben de presentarse las quejas remitidas al Defensor del Pueblo?

a) Firmadas por el interesado.
b) En el plazo máximo de seis meses, contado a partir del momento en que tuviera conocimiento de los hechos.
c) En papel sellado indicando nombre, apellidos y domicilio del remitente.
d) Todas son correctas.

8. La falta de capacidad del Rey en el orden civil es suplida por:

a) La Tutela.
b) La Regencia.
c) La Reina.
d) Las Cortes Generales.

9. ¿Mediante qué texto legal se resuelven las abdicaciones, renuncias y dudas que ocurran en el orden de sucesión a la Corona?

a) Mediante Real Decreto Legislativo.
b) Mediante Ley de Bases.
c) Mediante Ley Orgánica.
d) Mediante Real Decreto Ley.

10. La falta de capacidad del Rey en el orden político será suplida por:

a) La Reina.
b) La Tutela.
c) Las Cortes Generales.
d) La Regencia.

11. ¿Qué plazo ha de transcurrir desde la primera votación de investidura para que el Rey disuelva las Cámaras y convoque nuevas elecciones al no haber obtenido ningún candidato la confianza del Congreso?

a) Cuarenta y ocho horas.
b) Cinco días.
c) Quince días.
d) Dos meses.

12. La base de la organización y funcionamiento de los Tribunales radica en el:

a) Principio de territorialidad.
b) Principio de seguridad jurídica.
c) Principio de unidad jurisdiccional.
d) Todas son correctas.

13. ¿Qué características emanan del Poder Judicial según el artículo 117 de la Constitución Española?

a) Que la Justicia emana y se administra en nombre del Pueblo por Jueces y Magistrados integrantes del Poder Judicial.
b) Que la Justicia se administra por Jueces y Magistrados integrantes del Poder Judicial, independientes, inamovibles e irresponsables.
c) Que la Justicia emana del Pueblo y se administra en nombre del Rey por Jueces y Magistrados independientes, inamovibles y responsables.
d) Que la Justicia se administra en nombre del Pueblo por Jueces y Magistrados independientes, inamovibles y responsables.

14. ¿De qué principio se habla cuando se dice que la Jurisdicción es única y que se ejerce por los Juzgados y Tribunales previstos en la Ley, sin perjuicio de las potestades jurisdiccionales reconocidas por la Constitución a otros órganos?

a) Del principio de exclusividad.
b) Del principio de unidad jurisdiccional.
c) Del principio de jerarquía.
d) Del principio de responsabilidad.

15. El artículo 127 de la Constitución prohíbe a los miembros del Poder Judicial:

a) Afiliarse a Asociaciones.
b) Afiliarse a Sindicatos.
c) Afiliarse a Confederaciones de Trabajadores.
d) Todas son correctas.

16. ¿Quién propone el nombramiento y separación de los Ministros?

a) El Rey.
b) El Presidente del Gobierno.
c) El Consejo de Ministros.
d) El Presidente del Gobierno previa consulta al Consejo de Estado.

17. ¿Quién establece la estructura de las Delegaciones y Subdelegaciones del Gobierno?

a) El Presidente del Gobierno.
b) El Ministro competente en materia de Política Territorial.

c) El Consejo de Ministros.
d) El Consejo de Estado.

18. ¿Qué fórmula orgánica ha venido a hacer realidad el principio de lealtad institucional como criterio rector que facilite la colaboración y cooperación entre las diferentes Administraciones Públicas?

a) Las Conferencias Sectoriales y las Comisiones Bilaterales de Cooperación.
b) El principio de buena fe.
c) El principio de confianza legítima entre Administraciones.
d) Todas son correctas.

19. ¿Quién asume la gestión informatizada de los Padrones de los Municipios que, por su insuficiente capacidad económica y de gestión, no puedan mantener los datos de forma automatizada?

a) El Instituto Nacional de Estadística.
b) La Administración General del Estado.
c) La Oficina Central del Censo Electoral.
d) Las Diputaciones Provinciales, Cabildos y Consejos Insulares.

20. ¿Qué requisitos ha de cumplir un municipio para gobernarse a través del régimen de Concejo Abierto?

a) La petición de la mayoría de los vecinos.
b) Aprobación de la Comunidad Autónoma.
c) Decisión favorable por mayoría de dos tercios de los miembros del Ayuntamiento.
d) Todas son correctas.

21. En defecto de previsión expresa en el Reglamento Orgánico de la Entidad, la Junta de Gobierno Local celebrará sesión ordinaria cada:

a) Diez días como mínimo.
b) Quince días como mínimo.
c) Cada vez que así lo acuerde el Pleno por mayoría.
d) Ninguna es correcta.

22. El Alcalde Pedáneo tendrá las atribuciones que la Ley señala para el Alcalde, y en particular:

a) Vigilar la conservación de caminos rurales, fuentes públicas y montes.
b) Ordenar pagos con cargo al Presupuesto de la Entidad.
c) Ejecutar y hacer cumplir los acuerdos de la Junta o Asamblea Vecinal.
d) Todas son correctas.

23. ¿Cuándo debe de realizarse la aprobación definitiva del Presupuesto Local por el Pleno de la Corporación?

a) Antes del 31 de octubre del año anterior al del ejercicio en que deba aplicarse.
b) Antes del 31 de septiembre del año anterior al del ejercicio en que deba aplicarse.
c) Antes del 31 de diciembre del año anterior al del ejercicio en que deba aplicarse.
d) Antes del 1 de enero del año del ejercicio en que deba aplicarse.

24. ¿A qué día y a qué hora debe de convocarse automáticamente la sesión del Pleno que discuta y vote una moción de censura contra el Alcalde del municipio?

a) Al día siguiente de la presentación en el Registro General de la Corporación del escrito de moción, a las doce horas.
b) A las diez horas del duodécimo día hábil siguiente al de presentación del escrito de moción en el Registro General de la Corporación.
c) A las doce horas del duodécimo día hábil siguiente al de presentación del escrito de moción en el Registro General de la Corporación.
d) A las doce horas del décimo día hábil siguiente al de presentación del escrito de moción en el Registro General de la Corporación.

25. Las infracciones a las Ordenanzas locales se calificarán como muy graves cuando:

a) El importe de la multa supere los 750 Euros.
b) El plazo de prescripción sea inferior a dos años.
c) La sanción impuesta sea igual a la de una falta del orden penal.
d) Se impida gravemente el funcionamiento o uso de un servicio público.

26. La tramitación urgente de iniciativas normativas en el ámbito de la Administración General del Estado, será acordado por:

a) El Senado.
b) El Consejo de Ministros.
c) El Congreso de los Diputados.
d) El Presidente del Gobierno.

27. El Plan Anual Normativo es:

a) El informe de conclusiones del análisis de la aplicación de las normas a lo largo del ejercicio anual anterior.
b) El informe de evaluación del grado de cumplimiento del objetivo normativo del año anterior.
c) El instrumento que el Gobierno aprobará anualmente y que contendrá las iniciativas legislativas o reglamentarias que vayan a ser elevadas para su aprobación en el año siguiente.
d) El informe que contienen las recomendaciones específicas de modificación y, en su caso, derogación de las normas evaluadas por el Informe Anual de Evaluación.

28. En los procedimientos administrativos de las corporaciones locales, será necesario el informe previo del Secretario y, además, en su caso, del Interventor para la adopción de acuerdos:

a) Cuando lo soliciten la cuarta parte de los Concejales.

b) Siempre que se trate de asuntos sobre materias para las que se exija una mayoría especial.

c) Cuando se trate de municipios de gran población.

d) En ningún caso.

29. Los expedientes administrativos de las entidades locales, una vez conclusos y previo a su remisión al Presidente, deberán ser examinados por:

a) El resto de concejales.

b) La Secretaria de la corporación.

c) El interventor.

d) El Pleno.

30. La competencia para publicar, ejecutar y hacer cumplir los acuerdos del Ayuntamiento recae en:

a) El Alcalde.

b) La Secretaria.

c) El Secretario General.

d) El Pleno.

31. El derecho a reclamar la responsabilidad patrimonial de la Administración prescribe:

a) Dependiendo del bien o derecho lesionado.

b) Al año.

c) A los seis meses.

d) A los cinco años.

32. Los procedimientos de responsabilidad patrimonial de las Administraciones Públicas:

a) No admiten la terminación convencional.

b) Serán resueltos en el ámbito de la Administración General del Estado por el Presidente del Gobierno.

c) Tienen un plazo máximo de resolución de un año.

d) Exigen que la resolución se pronuncie sobre la existencia o no de la relación de causalidad entre el funcionamiento del servicio público y la lesión producida.

33. En relación a la terminación del procedimiento disciplinario, el artículo 44.1 de la Ley Orgánica 4/2010, de 20 de mayo, del Régimen Disciplinario del Cuerpo Nacional de Policía señala que la autoridad competente para resolver podrá .... el expediente al instructor para que practique aquellas diligencias que hayan sido omitidas y resulten imprescindibles para la resolución. Señalar la palabra omitida:

a) Suspender.
b) Modificar.
c) Devolver.
d) Corregir.

34. En relación a la terminación del procedimiento disciplinario, el artículo 44.1 de la Ley Orgánica 4/2010, de 20 de mayo, del Régimen Disciplinario del Cuerpo Nacional de Policía señala que la resolución del expediente será notificada en forma al expedientado:

a) Dentro de los diez días siguientes a la fecha en que fuera adoptada.
b) Dentro de los quince días siguientes a la fecha en que fuera adoptada.
c) Dentro de los veinte días siguientes a la fecha en que fuera adoptada.
d) Dentro de los treinta días siguientes a la fecha en que fuera adoptada.

35. A tenor del art. 127 LRL, en los Municipios de gran población, la sanción de separación del servicio a los policías locales, es competencia de:

a) El Alcalde.
b) La Junta de Gobierno.
c) El Pleno del Ayuntamiento.
d) El Teniente de Alcalde correspondiente.

36. Señala cuál de los siguientes no es un recurso de las Haciendas de las Entidades Locales:

a) Los ingresos procedentes de su patrimonio y demás de Derecho Privado.
b) Los tributos propios clasificados en tasas, contribuciones especiales e impuestos y los recargos exigibles sobre los impuestos de las Comunidades Autónomas o de otras Entidades Locales.
c) El producto de las operaciones de transferencias.
d) Las subvenciones.

37. ¿Qué órgano se creó por la Ley Orgánica 2/1986, de 13 de Marzo, de Fuerzas y Cuerpos de Seguridad para garantizar la coordinación entre las políticas de seguridad del Estado y de las Comunidades Autónomas?

a) La Junta de Seguridad.
b) La Comisión Delegada de Seguridad.

c) El Comité Nacional de Seguridad.
d) El Consejo de Política de Seguridad.

38. ¿Cuál es el órgano competente en las Comunidades Autónomas que dispongan de Cuerpos de Policía propios para resolver las incidencias que pudieran surgir en la colaboración entre los miembros de las Fuerzas y Cuerpos de Seguridad del Estado y de los Cuerpos de la Policía de la Comunidad Autónoma?

a) La Junta de Seguridad.
b) La Comisión Delegada de Seguridad.
c) La Delegación del Gobierno en la Comunidad Autónoma.
d) El Consejo de Política de Seguridad.

39. ¿Cuántos miembros forman el Comité de Expertos que asesora técnicamente al Consejo de Política de Seguridad y prepara los asuntos que posteriormente vayan a ser debatidos en el Pleno del mismo?

a) Cuatro.
b) Seis.
c) Ocho.
d) Diez.

40. ¿Qué órganos de asesoramiento y de apoyo a la Junta Local de Seguridad prevé el artículo 13 del Real Decreto 1087/2010, para el estudio de aquellos asuntos cuya naturaleza, especificidad o complejidad así lo aconsejen?

a) Los Comités Jurídicos.
b) Las Juntas de Distrito.
c) Las Comisiones Técnicas.
d) Los Gabinetes de apoyo.

41. ¿Con qué antelación mínima deberán notificarse las convocatorias de las reuniones de carácter ordinario de las Juntas Locales de Seguridad?

a) 48 horas.
b) 5 días.
c) 10 días.
d) 15 días.

42. ¿Con qué antelación mínima deberán notificarse las convocatorias de las reuniones de carácter extraordinario de las Juntas Locales de Seguridad?

a) 24 horas.
b) 48 horas.
c) 3 días hábiles.
d) 5 días naturales.

43. ¿Cuál es el órgano de la Unión Europea (UE) encargado del refuerzo de la cooperación judicial entre los Estados miembros, mediante la adopción de medidas estructurales que facilitan la mejor coordinación de las investigaciones y las actuaciones judiciales que cubren el territorio de más de un Estado miembro?

a) EUROJUST.
b) Europol.
c) Tribunal Europeo de La Haya.
d) JEURO.

44. Emitida una orden europea de detención y entrega, se procederá a la entrega de la persona reclamada:

a) Cuando la orden europea de detención y entrega hubiera sido emitida por un delito informático castigado en el Estado de emisión con una pena o una medida de seguridad privativa de libertad o con una medida de internamiento en régimen cerrado de un menor cuya duración máxima sea, al menos, de tres años.
b) Cuando la persona reclamada haya sido indultada en España de la pena impuesta por los mismos hechos en que se funda la orden europea de detención y entrega y este fuera perseguible por la jurisdicción española.
c) Cuando se haya acordado el sobreseimiento libre en España por los mismos hechos.
d) Cuando la persona objeto de la orden europea de detención y entrega haya sido juzgada definitivamente por los mismos hechos en un tercer Estado no miembro de la Unión Europea, siempre que, en caso de condena, la sanción haya sido ejecutada o esté en esos momentos en curso de ejecución o ya no pueda ejecutarse en virtud del Derecho del Estado de condena.

45. Las infracciones graves en materia de protección civil se sancionarán con multa de:

a) 601 a 1.500 euros.
b) 1.501 a 30.000 euros.
c) 1.001 a 10.000 euros.
d) 3.001 a 15.000 euros.

46. Como sistema de comunicación de avisos de emergencia a las autoridades competentes en materia de protección civil, la Ley 17/2015, de 9 de julio, del Sistema Nacional de Protección Civil crea:

a) La Red Nacional de Información sobre Protección Civil.
b) La Red Nacional de Emergencia.
c) La Red de Alerta Nacional de Protección Civil.
d) La Red de Emergencia Nacional en Protección Civil.

47. Corresponde al Ministro del Interior:

a) Aprobar el Plan Estatal General de Protección Civil.
b) Declarar la emergencia de interés nacional y su finalización.
c) Declarar una zona afectada gravemente por una emergencia de protección civil.
d) Regular la Red Nacional de Información sobre Protección Civil y la Red de Alerta Nacional de Protección Civil.

48. Siempre que, por cualquier emergencia, un vehículo quede inmovilizado en la calzada o su carga haya caído sobre esta, el conductor deberá emplear los dispositivos de preseñalización de peligro reglamentarios para advertir dicha circunstancia, salvo que las condiciones de la circulación no permitieran hacerlo. Tales dispositivos se colocarán, si la calzada es de doble sentido, uno por delante y otro por detrás del vehículo o la carga, como mínimo a una distancia de:

a) 10 metros.
b) 25 metros.
c) 50 metros.
d) 100 metros.

49. Fuera de poblado, entre la puesta y la salida del sol o en condiciones meteorológicas o ambientales que disminuyan sensiblemente la visibilidad, todo peatón, cuando circule por la calzada o el arcén, deberá ir provisto de un elemento luminoso o retrorreflectante homologado que sea visible para los conductores que se le aproximen a una distancia mínima de:

a) 30 metros.
b) 50 metros.
c) 100 metros.
d) 150 metros.

50. Según el art. 47 TRLTSV, el conductor y, en su caso, los ocupantes de bicicletas y ciclos en general estarán obligados a utilizar el casco de protección en las vías urbanas, interurbanas y travesías, en los términos que reglamentariamente se determinen, siendo obligatorio su uso por quienes circulen en vías interurbanas y también por los menores de:

a) 10 años.
b) 12 años.
c) 14 años.
d) 16 años.

51. Las personas naturales o jurídicas que hubieran adquirido un vehículo de motor, ciclomotor, remolque o semirremolque, podrán obtener un permiso de circulación temporal para circular mientras se tramita la matrícula definitiva, cuando lo hayan adquirido sin matricular en el extranjero, de:

a) 10 días.
b) 30 días.

c) 40 días.
d) 60 días.

52. Las personas naturales o jurídicas que sean fabricantes, sus representantes legales, carroceros, importadores, vendedores o distribuidores de vehículos de motor, ciclomotores, remolques o semirremolques, con establecimiento abierto en España para cualquiera de estas actividades, así como los laboratorios oficiales, podrán obtener permisos temporales que habilitarán a sus vehículos no matriculados en España para transitar por el territorio nacional, siempre que se trate de realizar transportes, pruebas o ensayos de investigación o exhibiciones con personal técnico o con terceras personas interesadas en su adquisición por un plazo improrrogable, contado desde el día primero del mes siguiente a la fecha de su expedición, de:

a) 3 meses.
b) 6 meses.
c) 1 año.
d) 18 meses.

53. Se considera una infracción grave:

a) Participar en competiciones y carreras de vehículos no autorizadas.
b) Aumentar en más del 50 por ciento los tiempos de conducción o minorar en más del 50 por ciento los tiempos de descanso establecidos en la legislación sobre transporte terrestre.
c) No respetar la luz roja de un semáforo.
d) Circular en una bicicleta sin hacer uso del alumbrado reglamentario.

54. Se define como una serie de líneas de gran anchura, dispuestas sobre el pavimento de la calzada en bandas paralelas al eje de esta y que forman un conjunto transversal a la calzada:

a) Marca de paso para peatones.
b) Marca de paso para ciclistas.
c) Marca de ceda el paso.
d) Marca transversal continua.

55. Un triángulo, marcado sobre la calzada con el vértice opuesto al lado menor y dirigido hacia el vehículo que se acerca, indica a su conductor la obligación que tiene en la próxima intersección de:

a) Ceder el paso a otros vehículos.
b) Detener su vehículo ante una próxima línea de detención o, si esta no existiera, inmediatamente antes de la calzada a la que se aproxima.
c) Limitar la velocidad hasta aviso de fin de la limitación.
d) Girar a la derecha o a la izquierda.

56. Una marca amarilla zigzag indica:

a) Que la parada y el estacionamiento están prohibidos o sometidos a alguna restricción temporal, indicada por señales, en toda la longitud de la línea y en el lado en que esté dispuesta.

b) El lugar de la calzada en que el estacionamiento está prohibido a los vehículos en general, por estar reservado para algún uso especial que no implique larga permanencia de ningún vehículo.

c) Que el estacionamiento está prohibido o sometido a alguna restricción temporal, indicada por señales, en toda la longitud de la línea y en el lado en que esté dispuesta.

d) El lugar donde empieza una zona de frenado de emergencia y prohíbe la parada, el estacionamiento o la utilización de esta parte de la calzada con otros fines.

57. ¿En qué caso excepcional podrá otorgarse una autorización de transporte privado complementario a quien sea titular de una de transporte público?

a) Cuando así lo autorice expresamente el Consejo Nacional de Transportes Terrestres.

b) Cuando lo autorice el Ministerio de Transportes y Movilidad Sostenible y figure inscrito en el Registro de Empresas y Actividades de Transporte.

c) Cuando lo autoricen de forma expresa las Delegaciones/Subdelegaciones del Gobierno de la provincia en la que desarrolle su actividad.

d) En ningún caso.

58. Por el ámbito en que se realicen, los transportes se clasifican en:

a) Regulares y discrecionales.
b) Interiores e internacionales.
c) Nacionales e internacionales.
d) Ordinarios y especiales.

59. ¿Cómo se clasifican aquellos transportes en los que, por razón de su peligrosidad, urgencia, incompatibilidad con otro tipo de transporte, repercusión social u otras causas similares, están sometidos a normas administrativas especiales, pudiendo exigirse para su prestación, una autorización específica?

a) Extraordinarios.
b) Excepcionales.
c) Singulares.
d) Especiales.

60. En el caso de vehículos con parabrisas, el distintivo de haber pasado la inspección técnica se colocará en:

a) El ángulo superior izquierdo del parabrisas delantero.
b) El ángulo superior derecho del parabrisas delantero.
c) El ángulo inferior izquierdo del parabrisas delantero.

d) El ángulo inferior derecho del parabrisas delantero.

61. Cuando la Policía Local detecte el incumplimiento en materia de inspecciones concederán al titular o arrendatario a largo plazo del vehículo un plazo para someter al mismo a la inspección técnica de:

a) 5 días.
b) 10 días.
c) 5 días.
d) 1 mes.

62. Las inspecciones técnicas en carretera se llevarán a cabo sin discriminación:

a) Por motivos de nacionalidad del conductor.
b) Por motivos de nacionalidad del país de matriculación.
c) De puesta en circulación del vehículo industrial, y teniendo en cuenta la necesidad de reducir al mínimo los costes y los retrasos ocasionados a los conductores y a las empresas.
d) Todas las respuestas anteriores son correctas.

63. Con relación al atestado, indica cuál de las siguientes afirmaciones no es correcta:

a) El atestado policial no tiene el valor de denuncia.
b) El atestado *será firmado por el que lo haya extendido y, si usare sello, lo estampará con su rúbrica en todas las hojas.*
c) *El atestado policial no tiene* el valor de prueba.
d) El atestado tiene naturaleza administrativa.

64. El destinatario del atestado es:

a) El infractor.
b) El denunciante.
c) El Juez competente.
d) El Ministerio Fiscal.

65. Se considera que los daños materiales no son de gran cuantía cuando sean inferiores a:

a) 5.000 euros.
b) 80.000 euros.
c) 20.000 euros.
d) 25.000 euros.

66. ¿Cuándo comportará la pena impuesta la pérdida de vigencia del permiso o licencia que habilite para la conducción o la tenencia y porte respectivamente?

a) Siempre.
b) Cuando la pena impuesta lo fuere por un tiempo superior a nueve meses.
c) Cuando la pena impuesta lo fuere por un tiempo superior a un año.

d) Cuando la pena impuesta lo fuere por un tiempo superior a dos años.

67. La pena de multa, salvo las imponibles a las personas jurídicas, tendrá una extensión máxima de:

a) Un año.
b) Dos años.
c) Cinco años.
d) Seis años.

68. En los supuestos de multa proporcional los Jueces y Tribunales establecerán, según su prudente arbitrio, la responsabilidad personal subsidiaria que proceda, que no podrá exceder, en ningún caso, de:

a) Un año de duración.
b) Dos años de duración.
c) Tres años de duración.
d) Cinco años de duración.

69. La provocación, la conspiración y la proposición para cometer el delito de trata de seres humanos serán castigadas:

a) Con la misma pena que la del delito correspondiente.
b) Con la pena inferior en uno o dos grados a la del delito correspondiente.
c) Con la pena inferior en dos grados a la del delito correspondiente.
d) Con la pena superior en un grado a la del delito correspondiente.

70. ¿Qué artículo del Código Penal regula las amenazas no condicionales o simples?

a) El art. 169. 2.º.
b) El art. 169.1º.
c) El art. 170.
d) El art. 167.3.

71. ¿Cuál es el bien jurídico tutelado en los delitos de exhibicionismo y provocación sexual?

a) La libertad.
b) El bienestar psíquico de menores o incapaces.
c) La indemnidad sexual del menor.
d) La libertad sexual.

72. ¿Qué responsabilidad tendrá la persona física o jurídica propietaria del medio informativo a través del cual se haya propagado la calumnia o injuria?

a) Ninguna.
b) Será responsable civil solidaria.
c) Será responsable civil subsidiaria.

d) La misma que el autor intelectual.

73. Nadie será penado por calumnia o injuria sino en virtud de:

a) Denuncia de la persona ofendida por el delito o de su representante legal.
b) Querella de la persona ofendida por el delito o de su representante legal.
c) Denuncia o querella de la persona ofendida por el delito o de su representante legal.
d) Ninguna respuesta es correcta.

74. La sustitución de un niño por otro será castigada con las penas de prisión de:

a) Seis meses a dos años.
b) Seis meses a cuatro años.
c) Uno a cuatro años.
d) Uno a cinco años.

75. El que, con ánimo de lucro y con conocimiento de la comisión de un delito contra el patrimonio o el orden socioeconómico, en el que no haya intervenido ni como autor ni como cómplice, ayude a los responsables a aprovecharse de los efectos del mismo, o reciba, adquiera u oculte tales efectos, cometerá un delito de:

a) Blanqueo de capitales.
b) Receptación.
c) Defraudación.
d) Estafa.

76. Dispone el art. 305. Bis del C.P. que "el delito contra la Hacienda Pública será castigado con la pena de prisión de dos a seis años y multa del doble al séxtuplo de la cuota defraudada cuando la cuantía de la cuota defraudada exceda de:

a) Trescientos mil euros.
b) Quinientos mil euros.
c) Seiscientos mil euros.
d) Un millón de euros.

77. ¿Qué Título del Libro II del Código Penal, se ocupa de los delitos relativos a la ordenación del territorio y el urbanismo, la protección del patrimonio histórico y el medio ambiente?

a) El Título XVI.
b) El Título XV.
c) El Título XIV.
d) El Título XII.

78. El particular que en un documento falte a la verdad en la narración de los hechos, será sancionado a la pena de:

a) Multa.
b) Prisión.
c) Inhabilitación especial.
d) El particular no es sancionado por tal motivo.

79. Dispone el art. 398 C.P. que la autoridad o funcionario público que librare certificación falsa con escasa trascendencia en el tráfico jurídico será castigado con la pena de:

a) Prisión.
b) Suspensión de funciones.
c) Multa.
d) Inhabilitación.

80. La usurpación del estado civil solo puede cometerse de forma:

a) Dolosa.
b) Imprudente.
c) Tanto dolosa como imprudentemente.
d) Por imprudencia grave.

81. Quedará exento de pena el que, implicado en un delito de rebelión, lo revelare:

a) En el plazo de 24 horas desde que se organizó.
b) En el plazo de 48 horas desde que se organizó.
c) En el plazo de 72 horas desde que se organizó.
d) A tiempo de poder evitar sus consecuencias.

82. Los que, habiendo sido requeridos en forma legal y bajo apercibimiento, dejaren de comparecer ante una Comisión de investigación de las Cortes Generales o de una Asamblea Legislativa de Comunidad Autónoma, serán castigados como reos del delito de:

a) Atentado.
b) Coacciones.
c) Desacato.
d) Desobediencia.

83. Los que invadan violentamente o con intimidación el local donde esté constituido el Consejo de Ministros o un Consejo de Gobierno de Comunidad Autónoma, serán sancionados con pena de:

a) Prisión.
b) Multa.

c) Inhabilitación especial.
d) Multa y prisión.

84. ¿Cómo denomina la Ley Orgánica 3/2007, de 22 de marzo, para la igualdad efectiva de mujeres y hombres, a aquellas actuaciones concretas a llevar a cabo, que velan por la igualdad entre mujeres y hombres?

a) Brainstreaming.
b) Pluralmade.
c) Sexconciencs.
d) Mainstreaming.

85. ¿Qué tipo de maltrato consiste en tratar mal a los familiares de la persona agredida, el control de relaciones externas o las humillaciones con el fin de menoscabar la identidad y la estima de la persona ante terceros?

a) Maltrato psicológico.
b) Maltrato emocional.
c) Violencia social.
d) Violencia física.

86. Señala uno de los efectos que provoca el maltrato en la mujer sujeta a violencia:

a) Hace que entienda el problema como de carácter privado, por ello lo tiende a ocultar.
b) Le produce inseguridad e impotencia y confusión.
c) Se le destruye la autoestima y su dignidad.
d) Todas las respuestas son correctas.

87. La residencia de los menores que sean tutelados en España por una Administración Pública se considerará:

a) Irregular.
b) Ilegal.
c) Ilícita.
d) Regular.

88. El fenómeno de carácter multidimensional que sitúa a una persona en exclusión social de ciertas regiones, municipios, hogares o grupos sociales del proceso de desarrollo y de sus beneficios, fundamentalmente a la educación, vivienda, acceso al trabajo y a los servicios básicos, se denomina:

a) Marginación.
b) Inmigración.
c) Emigración.
d) Pobreza.

89. En el ámbito normativo, el medio más efectivo en la lucha contra la marginación y desigualdad de los extranjeros en España lo ha constituido:

a) El proceso de reagrupación familiar.
b) La normalización de las estancias cortas.
c) La concesión de visados de residencia temporal.
d) El proceso de regularización del inmigrante ilegal.

90. El proceso psicológico por el cual pasa un drogodependiente para conseguir eliminar controlar o modificar las causas que le incitan al consumo o lo mantienen en el mismo es:

a) La toxicomanía.
b) La desintoxicación.
c) La deshabituación.
d) El síndrome de abstinencia.

91. Cuando un paciente presenta una crisis convulsiva por deprivación del psicofármaco, es importante:

a) Procurar que no se trague o muerda la lengua.
b) Evitar que vomite.
c) Lavarlo con agua abundante.
d) Que no se duerma.

92. Al producto que se obtiene de calentar el clorhidrato de cocaína con agua añadiendo bicarbonato sódico pero realizando la mezcla en una superficie plana (papel de plata), se denomina:

a) Base-libre.
b) Crack.
c) Clorhidrato de cocaína en polvo.
d) Hoja de coca.

93. La vía de consumo de cocaína que produce menor riesgo de dependencia es:

a) La masticada.
b) La intravenosa.
c) La fumada.
d) La esnifada.

94. Se llaman Programas de reducción del daño asociado al consumo de drogas:

a) A los que se realizan con drogodependientes activos.
b) A los que favorecen la integración social, reduciendo el posible rechazo en el medio laboral.
c) A los dirigidos a mantener la abstinencia o la estabilidad.
d) A los que tratan a pacientes estabilizados durante, al menos, seis meses.

95. La Unidades Móviles de los Programas de reducción del daño asociado al consumo de drogas son:

a) Centros de Día, encaminados a afianzar el aspecto formativo.
b) Tratamientos ambulatorios de Metadona.
c) Unidades de desintoxicación rápida.
d) Son vehículos polivalentes para consumidores de drogas marginales que no acuden a los centros de tratamiento, para suministrarles apoyo socio sanitario.

96. El fundamento de los Derechos Humanos reside en:

a) El respeto a los derechos y libertades.
b) La dignidad de la persona.
c) La seguridad ciudadana.
d) La seguridad privada.

97. Aquellos derechos inviolables inherentes a la persona, constitucionalmente reconocidos y que pueden ser alegados ante la jurisdicción ordinaria de acuerdo con lo que dispongan las leyes que los desarrollen son:

a) Los derechos fundamentales.
b) Los derechos inalienables.
c) Los principios rectores.
d) Los derechos sociales.

98. La guía que define los valores, principios y normas de comportamiento que han de regir en todo momento la actuación de los miembros de la Guardia Civil, aprobado por el Real Decreto 176/2022, de 4 de marzo, se denomina:

a) Código Deontológico.
b) Decálogo.
c) Código Ético de los miembros de la Guardia Civil.
d) Código de Conducta.

99. El Proyecto de Código de Ética de la Policía de Cataluña tiene su base en:

a) El Código de conducta.
b) La Declaración sobre la Policía.
c) El Código Europeo de Ética de la Policía.
d) La Ley Orgánica de Fuerzas y Cuerpos de Seguridad del Estado.

100. El Código Europeo de Ética de la Policía prevé entre sus bases jurídicas:

a) La dependencia jerárquica de la Policía ante los Tribunales.
b) El sometimiento de los funcionarios de Policía a la misma legislación que los ciudadanos ordinarios.
c) La coordinación y colaboración con los abogados en la defensa de los detenidos.
d) Facilitar asistencia jurídica a la población.

Solución al simulacro n.º 9

1. c) 13.

2. b) No necesitan autorización previa.

3. a) El 31 de octubre de 1978.

4. c) Setenta y dos horas, ampliable en supuestos excepcionales.

5. b) Ser flexible en su modificación.

6. d) El derecho a entrar y salir libremente de España.

7. a) Firmadas por el interesado.

8. a) La Tutela.

9. c) Mediante Ley Orgánica.

10. d) La Regencia.

11. d) Dos meses.

12. c) Principio de unidad jurisdiccional.

13. c) Que la Justicia emana del Pueblo y se administra en nombre del Rey por Jueces y Magistrados independientes, inamovibles y responsables.

14. b) Del principio de unidad jurisdiccional.

15. b) Afiliarse a Sindicatos.

16. b) El Presidente del Gobierno.

17. c) El Consejo de Ministros.

18. a) Las Conferencias Sectoriales y las Comisiones Bilaterales de Cooperación.

19. d) Las Diputaciones Provinciales, Cabildos y Consejos Insulares.

20. d) Todas son correctas.

21. b) Quince días como mínimo.

22. d) Todas son correctas.

23. c) Antes del 31 de diciembre del año anterior al del ejercicio en que deba aplicarse.

24. d) A las doce horas del décimo día hábil siguiente al de presentación del escrito de moción en el Registro General de la Corporación.

25. d) Se impida gravemente el funcionamiento o uso de un servicio público.

26. b) El Consejo de Ministros.

27. c) El instrumento que el Gobierno aprobará anualmente y que contendrá las iniciativas legislativas o reglamentarias que vayan a ser elevadas para su aprobación en el año siguiente.

28. b) Siempre que se trate de asuntos sobre materias para las que se exija una mayoría especial.

29. b) La Secretaria de la corporación.

30. a) El Alcalde.

31. b) Al año.

32. d) Exigen que la resolución se pronuncie sobre la existencia o no de la relación de causalidad entre el funcionamiento del servicio público y la lesión producida.

33. c) Devolver.

34. a) Dentro de los diez días siguientes a la fecha en que fuera adoptada.

35. b) La Junta de Gobierno.

36. c) El producto de las operaciones de transferencias.

37. d) El Consejo de Política de Seguridad.

38. a) La Junta de Seguridad.

39. c) Ocho.

40. c) Las Comisiones Técnicas.

41. c) 10 días.

42. b) 48 horas.

43. a) EUROJUST.

44. a) Cuando la orden europea de detención y entrega hubiera sido emitida por un delito informático castigado en el Estado de emisión con una pena o una medida de seguridad privativa de libertad o con una medida de internamiento en régimen cerrado de un menor cuya duración máxima sea, al menos, de tres años.

45. b) 1.501 a 30.000 euros.

46. c) La Red de Alerta Nacional de Protección Civil.

47. b) Declarar la emergencia de interés nacional y su finalización.

48. c) 50 metros.

49. d) 150 metros.

50. d) 16 años.

51. d) 60 días.

52. c) 1 año.

53. c) No respetar la luz roja de un semáforo.

54. a) Marca de paso para peatones.

55. a) Ceder el paso a otros vehículos.

56. b) El lugar de la calzada en que el estacionamiento está prohibido a los vehículos en general, por estar reservado para algún uso especial que no implique larga permanencia de ningún vehículo.

57. d) En ningún caso.

58. b) Interiores e internacionales.

59. d) Especiales.

60. b) El ángulo superior derecho del parabrisas delantero.

61. b) 10 días.

62. d) Todas las respuestas anteriores son correctas.

63. a) El atestado policial no tiene el valor de denuncia.

64. c) El Juez competente.

65. b) 80.000 euros.

66. d) Cuando la pena impuesta lo fuere por un tiempo superior a dos años.

67. b) Dos años.

68. a) Un año de duración.

69. b) Con la pena inferior en uno o dos grados a la del delito correspondiente.

70. a) El art. 169. 2.º.

71. b) El bienestar psíquico de menores o incapaces.

72. b) Será responsable civil solidaria.

73. b) Querella de la persona ofendida por el delito o de su representante legal.

74. d) Uno a cinco años.

75. b) Receptación.

76. c) Seiscientos mil euros.

77. a) El Título XVI.

78. d) El particular no es sancionado por tal motivo.

79. b) Suspensión de funciones.

80. a) Dolosa.

81. d) A tiempo de poder evitar sus consecuencias.

82. d) Desobediencia.

83. a) Prisión.

84. d) Mainstreaming.

85. c) Violencia social.

86. d) Todas las respuestas son correctas.

87. d) Regular.

88. a) Marginación.

89. d) El proceso de regularización del inmigrante ilegal.

90. c) La deshabituación.

91. a) Procurar que no se trague o muerda la lengua.

92. b) Crack.

93. a) La masticada.

94. a) A los que se realizan con drogodependientes activos.

95. d) Son vehículos polivalentes para consumidores de drogas marginales que no acuden a los centros de tratamiento, para suministrarles apoyo socio sanitario.

96. b) La dignidad de la persona.

97. a) Los derechos fundamentales.

98. d) Código de Conducta.

99. c) El Código Europeo de Ética de la Policía.

100. b) El sometimiento de los funcionarios de Policía a la misma legislación que los ciudadanos ordinarios.

1. Según el artículo 16 CE:

a) Ninguna confesión tendrá carácter estatal.
b) Nadie podrá ser obligado a declarar sobre su ideología, religión o creencias.
c) Está garantizada la libertad ideológica, religiosa y de culto.
d) Todas las respuestas son correctas.

2. La Constitución Española de 1978 tiene las siguientes Disposiciones Transitorias:

a) 4.
b) 5.
c) 6.
d) 9.

3. ¿Qué Título se refiere específicamente a las relaciones del Gobierno con las Cortes Generales?

a) El Título IV.
b) El Título V.
c) El Título VI.
d) El Título VII.

4. En el estado de sitio:

a) El Gobierno designará la autoridad militar que ejecute las medidas que procedan, siempre bajo la dirección de aquel.
b) El Gobierno asume todas las facultades extraordinarias previstas en la Constitución y en la Ley Orgánica siempre que hayan sido incluidas en la declaración que hace el Congreso.
c) Se suspenden todos los derechos y libertades.
d) Las respuestas a) y b) son ciertas.

5. ¿Qué número de miembros, según señala el artículo 14 de la Ley Orgánica del Tribunal Constitucional, es necesario para aprobar los acuerdos del Pleno del Tribunal Constitucional?

a) El Pleno al completo.
b) La tercera parte de los miembros que en cada momento lo compongan.

c) Dos tercios de los miembros que en cada momento lo compongan.
d) La cuarta parte de los miembros que en cada momento lo compongan.

6. ¿En qué parte del texto constitucional están recogidos los Principios generales de organización del Estado?

a) Parte orgánica.
b) Título Preliminar.
c) Preámbulo.
d) Título Primero.

7. ¿Qué debe de determinar expresamente el Decreto que declare el estado de excepción?

a) Los efectos del mismo, el ámbito territorial, duración y derechos limitados.
b) Ámbito territorial, duración y condiciones.
c) Los efectos del mismo, el ámbito territorial a que se extiende y duración.
d) Ámbito territorial, duración y derechos limitados.

8. ¿Cuál de los siguientes derechos y garantías no pueden ser individualmente suspendidos?

a) La inviolabilidad del domicilio.
b) El secuestro de las comunicaciones.
c) La duración máxima de la detención preventiva.
d) La asistencia de letrado en la detención.

9. El Estado de sitio se declarará cuando se produzcan:

a) Situaciones de grave desabastecimiento de productos de primera necesidad.
b) Crisis sanitarias graves.
c) Una insurrección o acto de fuerza contra la soberanía o independencia de España.
d) Todas las respuestas son correctas.

10. ¿Quién puede plantear ante el Congreso de los Diputados una cuestión de confianza?

a) El propio Congreso con al menos una décima parte de los Diputados.
b) El Presidente del Gobierno previa deliberación del Consejo de Ministros.
c) El Rey con el refrendo del Presidente del Gobierno.
d) El Presidente del Gobierno por sí mismo.

11. El secreto de las comunicaciones podrá ser limitado, por:

a) Resolución judicial.
b) No puede ser limitado.

c) Resolución judicial o flagrante delito.

d) Flagrante delito, resolución judicial y consentimiento del titular.

12. ¿Quién expide los Decretos acordados en el Consejo de Ministros?

a) El Presidente del Gobierno.

b) Quien determine el mismo Decreto.

c) El Rey.

d) Quien presida el Consejo.

13. ¿Qué orden sigue la sucesión en el trono de la Corona de España según el artículo 57 de la Constitución?

a) El orden regular de primogenitura y representación, prefiriendo la línea anterior a la posterior, el grado más próximo al más remoto, el mayor a la menor y el varón a la mujer.

b) El orden regular de primogenitura y representación, prefiriendo la línea anterior a la posterior, el grado más próximo al más remoto, el varón a la mujer, el de mayor edad a la de menos.

c) El orden regular de primogenitura y representación, prefiriendo el grado más próximo al más remoto, la línea anterior a la posterior, el varón a la mujer y el de mayor edad a la de menos.

d) Todas son incorrectas.

14. ¿Conforme a qué criterio se verifica la elección de Senadores en cada circunscripción, según el artículo 68 de la Constitución?

a) A criterios de representación proporcional.

b) A criterios de representación territorial.

c) A criterios políticos.

d) A criterios mixtos en función de la circunscripción.

15. ¿De quién depende directamente el Tribunal de Cuentas según la Constitución?

a) Del Presidente del Gobierno.

b) De las Cortes Generales.

c) Del Presidente del Consejo General del Poder Judicial.

d) Del Ministerio Fiscal.

16. El Defensor del Pueblo es elegido por un período de cuatro años por:

a) El Rey.

b) El Gobierno.

c) Las Cortes.

d) Ninguna es correcta.

17. ¿Cuál de las siguientes competencias no está atribuida expresamente al Tribunal Supremo?

a) Las de garantías constitucionales.
b) Las de asuntos penales.
c) Las de asuntos civiles.
d) Las de asuntos contencioso-administrativos.

18. ¿En cuál de las siguientes ciudades radica un Tribunal Militar Territorial?

a) Madrid, Barcelona, Sevilla, A Coruña y Valencia.
b) Madrid, Barcelona, Sevilla, A Coruña y Santa Cruz de Tenerife.
c) Madrid, Barcelona, Sevilla, Santander y Valencia.
d) Madrid, Barcelona, Sevilla, Zaragoza y Valencia.

19. ¿Cuál de los siguientes Juzgados o Tribunales no forma parte de los descritos en la Ley Orgánica de la Jurisdicción Militar?

a) Los Juzgados Togados Militares Centrales.
b) Los Juzgados Militares Autonómicos.
c) El Tribunal Militar Central.
d) La Sala de lo Militar del Tribunal Supremo.

20. ¿Dónde se celebran los juicios con Jurado?

a) En los Juzgados de lo Penal.
b) En las Audiencias Provinciales.
c) En los Juzgados de Primera Instancia e Instrucción.
d) Todas son correctas.

21. ¿Qué requisitos establece la Ley 50/1997, de 27 de noviembre, del Gobierno, para ser miembro del Gobierno?

a) Ser español, mayor de edad, disfrutar de los derechos de sufragio activo y pasivo y no estar inhabilitado para ejercer empleo o cargo público por auto judicial firme.
b) Ser español, mayor de edad, licenciado y no estar inhabilitado por sentencia judicial firme para ejercer empleo o cargo público.
c) Ser español, mayor de edad, disfrutar de los derechos de sufragio activo y pasivo y no estar inhabilitado para ejercer empleo o cargo público por sentencia judicial firme.
d) Todas son incorrectas.

22. ¿Quién propone al candidato a la Presidencia del Gobierno a través del Presidente del Congreso?

a) El propio Presidente del Congreso.
b) El partido político que cuente con la mayoría absoluta parlamentaria.
c) El Rey.
d) El partido político que cuente con la mayoría simple parlamentaria.

23. ¿Qué plazo ha de transcurrir para volver a someter a votación la candidatura a Presidente del Gobierno cuando no ha sido aprobada por mayoría absoluta?

a) Cinco días.
b) Dos meses.
c) Quince días.
d) Cuarenta y ocho horas.

24. ¿Cuál de las siguientes funciones no puede ejercer un Ministro?

a) Ejercer la potestad reglamentaria en las materias propias de su Departamento.
b) Refrendar los actos del Rey en materia de su competencia.
c) Crear, modificar y suprimir los órganos directivos de su Departamento Ministerial.
d) Desarrollar la acción del Gobierno en el ámbito de su Departamento.

25. ¿Ante quién responde solidariamente el Gobierno de su gestión política?

a) Ante el Congreso de los Diputados.
b) Ante el Parlamento.
c) Ante Jueces y Tribunales.
d) Ante el Rey.

26. ¿Cuántos días han de transcurrir para votar una moción de censura desde su presentación?

a) Dos días.
b) Cinco días.
c) Quince días.
d) Un mes.

27. ¿Qué vía de acceso deben seguir los territorios que en el pasado hubiesen plebiscitado afirmativamente proyectos de Estatuto de Autonomía y cuenten, al tiempo de promulgarse la Constitución, con regímenes provisionales de autonomía?

a) La vía agravada del artículo 151.
b) La vía privilegiada del artículo 151 y Disposición Transitoria Segunda de la CE.
c) La vía del artículo 144, a), CE.
d) La vía ordinaria del artículo 143 CE.

28. ¿Quién preside el Pleno del Ayuntamiento en el que se discuta y vote una moción de censura contra el Alcalde?

a) El Alcalde.
b) La Mesa de Edad.
c) El Secretario de la Corporación.
d) El Presidente de la Junta de Gobierno Local.

29. ¿A qué nos referimos cuando hablamos de Entidad Local determinada por la agrupación de Municipios, con personalidad jurídica propia y plena capacidad?

a) A la Provincia.
b) A las Áreas Metropolitanas.
c) A las Mancomunidades de Municipios.
d) A las Diputaciones.

30. ¿A quién corresponde la formación, mantenimiento, revisión y custodia del Padrón Municipal?

a) Al Ayuntamiento.
b) Al Instituto Nacional de Estadística.
c) A la Oficina Nacional del Censo Electoral.
d) Al delegado del Ministerio de Economía, Comercio y Empresa.

31. El órgano que, bajo la presidencia del Alcalde, colabora de forma colegiada en la función de dirección política del Municipio es:

a) El Pleno del Ayuntamiento.
b) La Junta de Gobierno Local.
c) El Consejo Social.
d) La Comisión Especial de Sugerencias y Reclamaciones.

32. ¿Quién realiza la formación del Padrón de españoles residentes en el extranjero?

a) La Administración General del Estado.
b) Los Ayuntamientos donde hubiesen residido los españoles antes de marchar al extranjero.
c) Las Comunidades Autónomas a las que pertenezcan los españoles en el extranjero.
d) A las Embajadas y Consulados correspondientes.

33. En los Archipiélagos, ¿cómo tienen las Islas su propia administración?

a) En Diputaciones Provinciales, como el resto del país.
b) En Cabildos y Concejos.
c) En Cabildos Insulares y Concejos Abiertos.
d) En Cabildos o Consejos.

34. ¿Cuál de las siguientes potestades y prerrogativas no forma parte de las descritas en el artículo 4 del Reglamento de Organización, Funcionamiento y Régimen Jurídico de las Entidades Locales?

a) Tributaria y financiera.
b) De ejecución forzosa y sancionadora.

c) De programación o planificación.

d) De revisión a instancia de parte de sus actos y acuerdos.

35. ¿A quién pertenece la competencia de dividir el término municipal en distritos, en barrios y las variaciones de los mismos?

a) A los Ayuntamientos.

b) A las Comunidades Autónomas.

c) Al Consejo de Estado.

d) Al Gobierno Central.

36. ¿Cuál es el elemento esencial de los Entes Públicos menores que se encuadran en la Administración Local?

a) Su carácter territorial.

b) El estar integrada por órganos.

c) La insuficiencia económica.

d) Todas son correctas.

37. Para la ejecución en común de obras y servicios de su competencia, los Municipios se agrupan en:

a) Mancomunidades.

b) Áreas Metropolitanas.

c) Diputaciones Provinciales.

d) Comarcas.

38. ¿Por qué principios se rigen las Administraciones Públicas en sus relaciones?

a) Eficiencia y servicio a los ciudadanos.

b) Interés público y legalidad.

c) Cooperación y colaboración.

d) Coordinación, cooperación y colaboración.

39. ¿Puede el Gobierno dictar normas con fuerza de Ley?

a) Sí, pues cotitula el poder legislativo.

b) Sí, en determinados supuestos.

c) No, en ningún caso.

d) Sí, mediante los Reglamentos.

40. En los procedimientos de elaboración de Leyes y Reglamentos, podrá prescindirse de los trámites de consulta, audiencia e información públicas, en caso de:

a) Normas que limiten derechos de los particulares.

b) Normas reguladoras de actividades comerciales.

c) Normas fiscales.
d) Normas presupuestarias.

41. La llamada vía de excepción prevista en el art. 6 de la Ley Orgánica 6/1985, de 1 de julio, del Poder Judicial:

a) Es un medio de evitar que su caso sea decidido en los tribunales de acuerdo con las prescripciones de Reglamentos ilegales.
b) Es la posibilidad de otorgar fuerza de Ley a un Reglamento por razones de urgencia.
c) Es el procedimiento seguido por la Administración Pública para la subsanación de Reglamentos ilegales.
d) Es un recurso para derogar Reglamentos ilegales.

42. En el caso de que hubiere sido desestimado un recurso contencioso administrativo deducido contra una disposición general:

a) Se convalida cualquier acto dictado conforme a lo dispuesto en la misma.
b) Se inadmitirán los recursos deducidos contra los actos dictados en su aplicación.
c) Es posible impugnar los actos dictados en aplicación de esta.
d) Cualquier impugnación de actos concretos dictados en su aplicación serán desestimados en virtud del principio de cosa juzgada.

43. Para regular un Servicio público local o la relación con sus trabajadores, las Corporaciones Locales dictarán:

a) Un Reglamento.
b) Una Ordenanza.
c) un Bando.
d) Una Circular.

44. La competencia para dictar Bandos la ostenta:

a) El Pleno de la Corporación Local.
b) La Junta de Gobierno Local.
c) El Alcalde.
d) Cualquier Concejal, en el ámbito de sus competencias.

45. Las medidas necesarias y adecuadas, en caso de catástrofe o de infortunios públicos y grave riesgo de los mismos podrán ser adoptadas personalmente, y bajo su responsabilidad, por el Alcalde mediante:

a) Ordenanza.
b) Bando.
c) Instrucción.
d) Reglamento.

46. En el ámbito de las Entidades Locales, para que se admita la iniciativa popular de los vecinos en un municipio de 20.000 habitantes, dicha iniciativa debe ir suscrita por un porcentaje:

a) Del 15 % de los vecinos con derecho a sufragio activo.
b) Del 20 % de los vecinos del municipio.
c) Del 15 % de los vecinos del municipio.
d) Del 10 % de los vecinos con derecho a sufragio activo.

47. ¿Quién, y mediante qué precepto, tiene potestad originaria para establecer tributos?

a) Las Comunidades Autónomas por sí mismas.
b) El Estado mediante Ley.
c) El Tribunal de Cuentas mediante Ley.
d) Las Comunidades Autónomas y Corporaciones locales según su normativa fiscal.

48. ¿Qué artículo de la Constitución Española establece que "las Haciendas Locales deberán disponer de los medios suficientes para el desempeño de las funciones que la Ley atribuye a las Corporaciones respectivas y se nutrirán fundamentalmente de tributos propios y de participación en los del Estado y de las Comunidades Autónomas"?

a) Artículo 138.
b) Artículo 140.
c) Artículo 142.
d) Artículo 144.

49. ¿Cuál de los siguientes es un impuesto facultativo para los Ayuntamientos?

a) Impuesto sobre Construcciones, Instalaciones y Obras.
b) Impuesto sobre Vehículos de Tracción Mecánica.
c) Impuesto Municipal sobre Solares.
d) Contribuciones Territoriales Rústica y Pecuaria y Urbana.

50. ¿Qué limite económico se establece, salvo previsión legal, con carácter general para una infracción leve a una Ordenanza Local?

a) Hasta 1.500 euros.
b) Hasta 1.000 euros.
c) Hasta 900 euros.
d) Hasta 750 euros.

51. ¿Cuándo prescriben las sanciones impuestas por infracciones leves a las Ordenanzas locales, según las sentencias del Tribunal Supremo de 18 de febrero de 1995 y 1 de octubre de 1996?

a) A los seis meses.
b) Al año.

c) A los dos años.
d) No prescriben.

52. La ejecución de una orden europea de detención y entrega por la autoridad judicial española estará sujeta a la condición de que el Estado miembro de emisión tenga dispuesto en su ordenamiento una revisión de la pena impuesta o la aplicación de medidas de clemencia a las cuales la persona se acoja con vistas a la no ejecución de la pena o medida, cuando:

a) Cuando la infracción en que se basa la orden europea de detención y entrega esté castigada con una pena o una medida de seguridad privativa de libertad a perpetuidad.
b) Cuando la infracción en que se basa la orden europea de detención y entrega esté castigada con una pena o una medida de seguridad privativa de libertad menor de tres años.
c) Cuando la persona reclamada tenga algún proceso penal pendiente ante la jurisdicción española por un hecho distinto del que motive la orden europea de detención y entrega.
d) En el caso de que dos o más Estados miembros hubieran emitido una orden europea de detención y entrega en relación con la misma persona.

53. Según el art. 58 de la Ley 23/2014, de 20 de noviembre, de reconocimiento mutuo de resoluciones penales en la Unión Europea, la entrega de la persona reclamada se hará efectiva por agente de la autoridad española, previa notificación a la autoridad designada al efecto por la autoridad judicial de emisión del lugar y fechas fijados, siempre dentro de:

a) Los 5 días siguientes a la decisión judicial de entrega.
b) Los 10 días siguientes a la decisión judicial de entrega.
c) Los 15 días siguientes a la decisión judicial de entrega.
d) Los 20 días siguientes a la decisión judicial de entrega.

54. Podrán instar el procedimiento de Habeas Corpus. Señalar la opción incorrecta:

a) El privado de libertad, su cónyuge o persona unida por análoga relación de afectividad; descendientes, ascendientes, hermanos y, en su caso, respecto a los menores y personas incapacitadas, sus representantes legales.
b) El Ministerio Fiscal.
c) La iniciativa popular.
d) El Defensor del Pueblo.

55. La incomunicación del detenido dictada excepcionalmente por el Juez de Instrucción o tribunal, no podrá extenderse más allá de:

a) 72 horas.
b) 5 días.

c) 36 horas.
d) 4 días.

56. En materia de elaboración de disposiciones relacionadas con la inspección técnica de vehículos es competente:

a) El Ministerio de Hacienda.
b) El Ministerio del Interior.
c) El Ministerio de Industria y Turismo.
d) El Ministerio de Transportes y Movilidad Sostenible.

57. Indica qué afirmación no es cierta con relación al distintivo de Inspección Técnica Periódica del Vehículo:

a) La fecha en la que ha superado la inspección.
b) Las dimensiones, color y características técnicas de esta señal deberán cumplir lo dispuesto en la reglamentación vigente que se recoge en el anexo I.
c) La fecha en la que se debe pasar la próxima inspección.
d) La cara sin imprimir del distintivo será autoadhesiva.

58. El grosor del trazo en los números del año es de:

a) 0,5 mm.
b) 1 mm.
c) 4 mm.
d) 2 mm.

59. El grosor del trazo en los números del mes es de:

a) 0,3 mm.
b) 0,7 mm.
c) 0,5 mm.
d) 0,9 mm.

60. Los conductores de vehículos o los conductores de bicicletas no podrán circular con una tasa de alcohol:

a) En sangre superior a 0,5 gramos por litro, o de alcohol en aire espirado superior a 0,25 miligramos por litro.
b) En sangre superior a 0,5 gramos por litro, o de alcohol en aire espirado superior a 0,35 miligramos por litro.
c) En sangre superior a 0,6 gramos por litro, o de alcohol en aire espirado superior a 0,35 miligramos por litro.
d) En sangre superior a 0,8 gramos por litro, o de alcohol en aire espirado superior a 0,25 miligramos por litro.

61. Cuando se trate de vehículos destinados al transporte de mercancías con una masa máxima autorizada superior a 3.500 kilogramos, los conductores no podrán hacerlo:

a) Con una tasa de alcohol en sangre superior a 0,5 gramos por litro, o de alcohol en aire espirado superior a 0,15 miligramos por litro.
b) Con una tasa de alcohol en sangre superior a 0,3 gramos por litro, o de alcohol en aire espirado superior a 0,25 miligramos por litro.
c) Con una tasa de alcohol en sangre superior a 0,4 gramos por litro, o de alcohol en aire espirado superior a 0,35 miligramos por litro.
d) Con una tasa de alcohol en sangre superior a 0,3 gramos por litro, o de alcohol en aire espirado superior a 0,15 miligramos por litro.

62. De acuerdo con el Código Penal, será castigado con pena de prisión de tres a seis meses o a la de multa de seis a doce meses y trabajos en beneficio de la comunidad de treinta y uno a noventa días el que condujere un vehículo de motor o un ciclomotor a velocidad superior:

a) En cincuenta kilómetros por hora en vía urbana o en ochenta kilómetros por hora en vía interurbana a la permitida reglamentariamente.
b) En sesenta kilómetros por hora en vía urbana o en ochenta kilómetros por hora en vía interurbana a la permitida reglamentariamente.
c) En sesenta kilómetros por hora en vía urbana o en cien kilómetros por hora en vía interurbana a la permitida reglamentariamente.
d) En setenta kilómetros por hora en vía urbana o en cien kilómetros por hora en vía interurbana a la permitida reglamentariamente.

63. Con las mismas penas que en la pregunta anterior será castigado el que condujere:

a) Con una tasa de alcohol en aire espirado superior a 0,60 miligramos por litro o con una tasa de alcohol en sangre superior a 1,2 gramos por litro.
b) Con una tasa de alcohol en aire espirado superior a 0,80 miligramos por litro o con una tasa de alcohol en sangre superior a 1,2 gramos por litro.
c) Con una tasa de alcohol en aire espirado superior a 0,70 miligramos por litro o con una tasa de alcohol en sangre superior a 1,2 gramos por litro.
d) Con una tasa de alcohol en aire espirado superior a 0,60 miligramos por litro o con una tasa de alcohol en sangre superior a 1,5 gramos por litro.

64. El juez de vigilancia penitenciaria acordará la suspensión de la ejecución del resto de la pena de prisión y concederá la libertad condicional al penado que cumpla, entre otros, el siguiente requisito:

a) Que haya extinguido la mitad de la pena impuesta.
b) Que se encuentre clasificado en segundo grado.

c) Que haya observado buena conducta.
d) Todas las respuestas son correctas.

65. Cuando dos o más personas se conciertan para la ejecución de un delito y resuelven ejecutarlo, hablamos de:

a) Provocación.
b) Proposición.
c) Conspiración.
d) Apología.

66. Cuándo prescribirán aquellos delitos cuya pena máxima señalada por la ley sea prisión o inhabilitación por más de cinco años y que no exceda de diez:

a) Al año.
b) A los cinco años.
c) A los diez años.
d) A los quince años.

67. Cuando directamente se incita por medio de la imprenta, la radiodifusión o cualquier otro medio de eficacia semejante, que facilite la publicidad, o ante una concurrencia de personas, a la perpetración de un delito, hablamos de:

a) Provocación.
b) Proposición.
c) Conspiración.
d) Apología.

68. Será castigado con la pena de prisión de seis meses a dos años, el que, con fines sexuales, haga presenciar actos de carácter sexual, aunque el autor no participe en ellos, a:

a) Un mayor de quince años y menor de dieciocho.
b) Un menor de dieciséis años.
c) Un mayor de dieciséis años y menor de dieciocho.
d) Un menor de edad.

69. El que, a través de internet, del teléfono o de cualquier otra tecnología de la información y la comunicación, contacte con un menor de dieciséis años y realice actos dirigidos a embaucarle para que le facilite material pornográfico o le muestre imágenes pornográficas en las que se represente o aparezca un menor, será castigado con una pena de:

a) Prisión de diez años.
b) Prisión de seis meses a dos años.

c) Prisión de tres meses a cinco años.
d) Multa de diez a quince meses.

70. En qué Capítulo del Título VIII, se tipifican los delitos relativos a la prostitución:

a) En el Capítulo V.
b) En el Capítulo VI.
c) En el Capítulo VII.
d) En el Capítulo VIII.

71. En los supuestos tipificados en los Capítulos IV y V del Título VIII, cuando en la realización de los actos se utilizaren establecimientos o locales, abiertos o no al público, podrá decretarse en la sentencia condenatoria su clausura:

a) Temporal por veinte años.
b) Temporal por diez años.
c) Definitiva.
d) Temporal por tres años.

72. En qué Título del Libro II del CP. Se regulan los delitos contra el honor:

a) En el Título VI.
b) En el Título VIII.
c) En el Título X.
d) En el Título XI.

73. Solamente serán constitutivas de delito las injurias que, por su naturaleza, efectos y circunstancias, sean tenidas en el concepto público por:

a) Muy graves.
b) Graves.
c) Difamatorias.
d) Denigrantes.

74. Se considera sustracción de menores:

a) La retención de un menor incumpliendo gravemente el deber establecido por resolución judicial o administrativa.
b) El traslado de un menor de su lugar de residencia sin consentimiento del progenitor con quien conviva habitualmente o de las personas.
c) El traslado de un menor de su lugar de residencia sin consentimiento de las instituciones a las cuales estuviese confiada su guarda o custodia.
d) Todas las respuestas son correctas.

75. Quedará exento de pena cuando el sustractor haya comunicado el lugar de estancia al otro progenitor o a quien corresponda legalmente su cuidado:

a) Dentro de las veinticuatro horas siguientes a la sustracción con el compromiso de devolución inmediata que efectivamente lleve a cabo, o la ausencia no hubiere sido superior a dicho plazo de veinticuatro horas.

b) Dentro de las cuarenta y ocho horas siguientes a la sustracción con el compromiso de devolución inmediata que efectivamente lleve a cabo, o la ausencia no hubiere sido superior a dicho plazo de cuarenta y ocho horas.

c) Dentro de las setenta y dos horas siguientes a la sustracción con el compromiso de devolución inmediata que efectivamente lleve a cabo, o la ausencia no hubiere sido superior a dicho plazo de setenta y dos horas.

d) Dentro de los siete días siguientes a la sustracción con el compromiso de devolución inmediata que efectivamente lleve a cabo, o la ausencia no hubiere sido superior a dicho plazo de siete días.

76. El art. 324 C.P. castiga con la pena de multa de tres a dieciocho meses, atendiendo a la importancia de los daños, al que, por imprudencia grave, los cause en un archivo, registro, museo, biblioteca, centro docente, gabinete científico, institución análoga o en bienes de valor artístico, histórico, cultural, científico o monumental, así como en yacimientos arqueológicos, en cuantía superior a:

a) 300 euros.
b) 400 euros.
c) 500 euros.
d) 600 euros.

77. El art. 325 C.P. castiga los atentados genéricos al medio ambiente, solo si son:

a) Si se realizan dolosamente.
b) Tan solo si son cometidos por imprudencia grave.
c) Si son cometidos por imprudencia grave o leve.
d) Tanto cuando se realizan dolosamente como por imprudencia grave.

78. ¿Qué Capítulo del Título XVI figura bajo la rúbrica "De los delitos relativos a la protección de la flora, fauna y animales domésticos"?

a) El Capítulo IV.
b) El Capítulo V.
c) El Capítulo VI.
d) El Capítulo VIII.

79. ¿Cuál es el bien jurídico común de los delitos relativos a la protección del patrimonio histórico?

a) El valor económico de dicho bienes.
b) El valor cultural y social de estos bienes.

c) El valor sentimental y afectivo de los bienes.

d) Ninguna respuesta es correcta.

80. El que altere, copie, reproduzca o de cualquier otro modo falsifique tarjetas de crédito o débito o cheques de viaje, será castigado con la pena de prisión de cuatro a ocho años. Se impondrá la pena en su mitad superior:

a) Cuando los efectos falsificados afecten a una generalidad de personas.

b) Cuando los hechos se cometan en el marco de una organización criminal dedicada a estas actividades.

c) Utilice para ello a menores de dieciséis años.

d) Las respuestas a y b son correctas.

81. El art. 390 C.P. castiga a la autoridad o funcionario público que, en el ejercicio de sus funciones, cometa falsedad:

a) Simulando un documento en todo o en parte, de manera que induzca a error sobre su autenticidad.

b) Alterando un documento en alguno de sus elementos o requisitos de carácter esencial.

c) Suponiendo en un acto la intervención de personas que no la han tenido, o atribuyendo a las que han intervenido en él declaraciones o manifestaciones diferentes de las que hubieran hecho.

d) Todas las respuestas son correctas.

82. El artículo 386 del Código Penal sanciona:

a) El que transporte, expenda o distribuya moneda falsa o alterada con conocimiento de su falsedad.

b) El que introduzca en el país o exporte moneda falsa o alterada.

c) El que altere la moneda o fabrique moneda falsa.

d) Todas las respuestas son correctas.

83. En qué Título del Libro II del Código penal se castigan los delitos contra la Administración Pública:

a) En el Título XVIII.

b) En el Título XIX.

c) En el Título XX.

d) En el Título XXI.

84. Tienen consideración de asociaciones ilícitas:

a) Las organizaciones de carácter paramilitar.

b) Las que, aun teniendo por objeto un fin lícito, empleen medios violentos o de alteración o control de la personalidad para su consecución.

c) Las que tengan por objeto cometer algún delito o, después de constituidas, promuevan su comisión.

d) Todas las respuestas son correctas.

85. Quien afirme falsamente o simule una situación de peligro para la comunidad o la producción de un siniestro a consecuencia del cual es necesario prestar auxilio a otro, y con ello provoque la movilización de los servicios de policía, asistencia o salvamento, cometerá un delito de:

a) Desórdenes públicos.

b) Terrorismo.

c) Amenazas.

d) Coacciones.

86. ¿Qué Título del Libro II del Código Penal, recoge los delitos contra la Corona, las Instituciones del Estado y la división de poderes?

a) El Título XVIII.

b) El Título XX.

c) El Título XXI.

d) En el Título XXII.

87. ¿Cómo se considerarán los actos cometidos contra los funcionarios docentes o sanitarios que se hallen en el ejercicio de las funciones propias de su cargo, o con ocasión de ellas?

a) Sedición.

b) Atentado.

c) Terrorismo.

d) Coacciones.

88. ¿En qué fase del sistema educativo se incorpora la educación sobre la igualdad entre hombres y mujeres y contra la violencia de género como contenido curricular, incorporando en todos los Consejos Escolares un nuevo miembro que impulse medidas educativas a favor de la igualdad y contra la violencia sobre la mujer?

a) En la Educación Primaria.

b) En la Educación Secundaria.

c) En Bachillerato.

d) En la Universidad.

89. Las mujeres víctimas de violencia de género que acrediten insuficiencia de recursos para litigar, tienen derecho a:

a) La defensa gratuita por Abogado en todos los procesos que tengan causa directa en la violencia padecida.

b) La representación gratuita por Procurador en todos los procedimientos administrativos que tengan causa directa en la violencia padecida.

c) La defensa y representación gratuitas por Abogado y Procurador en todos los procesos y procedimientos administrativos que tengan causa directa en la violencia padecida.

d) La defensa y representación gratuitas por Abogado y Procurador en todos los procesos y procedimientos administrativos que tengan causa directa o indirecta en la violencia padecida.

90. A las trabajadoras por cuenta propia víctimas de violencia de género que cesen en su actividad para hacer efectiva su protección o su derecho a la asistencia social integral, se les suspenderá la obligación de cotización durante un período de:

a) Un año, que le será considerados como de cotización efectiva a efectos de las prestaciones de Seguridad Social.

b) Nueve meses, que les serán considerados como de cotización efectiva a efectos de las prestaciones de Seguridad Social.

c) Seis meses, que les serán considerados como de cotización efectiva a efectos de las prestaciones de Seguridad Social.

d) Tres meses, que les serán considerados como de cotización efectiva a efectos de las prestaciones de Seguridad Social.

91. ¿Quién preside actualmente el Consejo Estatal de las Personas Mayores?

a) La persona titular del Ministerio de Justicia.
b) La persona titular del Ministerio de Derechos Sociales, Consumo y Agenda 2030.
c) La persona titular del Ministerio de Cultura.
d) La persona titular del Ministerio de Política Territorial.

92. El reglamento de la Ley Orgánica 4/2000, sobre derechos y libertades de los extranjeros en España y su integración social, fue aprobado por:

a) Real Decreto 3/2006, del 16 de enero.
b) Real Decreto 1369/2006, de 24 de noviembre.
c) Real Decreto 557/2011, de 20 de abril.
d) Real Decreto 203/2009, de 11 de diciembre.

93. Quienes justifiquen por cualquier medio de expresión pública o de difusión los delitos que hubieran sido cometidos contra una persona determinada por motivos racistas:

a) Cometen una infracción administrativa.
b) Serán expedientados por la Policía.
c) Cometen un delito.
d) No cometen infracción o delito alguno.

94. Un efecto positivo de la inmigración lo constituye:

a) La diversidad cultural.
b) El abaratamiento de los costes de producción.
c) El aumento de afiliaciones a la Seguridad Social.
d) Las nuevas oportunidades de trabajo.

95. ¿Los menores extranjeros tienen capacidad para actuar en el procedimiento de repatriación administrativo o judicial?

a) Si, todos.
b) Solo los mayores de 16 años.
c) Solo aquellos que han alcanzado la mayoría de edad en su país de origen.
d) No, ninguno.

96. ¿A qué se llaman adicciones comportamentales?

a) Al consumo ocasional de drogas.
b) Al proceso de deshabituación.
c) Al comportamiento del sujeto que provoca una dependencia.
d) Al proceso de adaptación del organismo a cualquier sustancia.

97. Los pacientes que precisan ser atendidos tanto en los servicios de Drogodependencia como de Salud Mental sufren:

a) Tolerancia inversa.
b) Una adicción comportamental.
c) Tolerancia cruzada.
d) Una patología dual. .

98. ¿Cuál de los siguientes factores no influye en los efectos que manifiesta el consumo de drogas?

a) Los mecanismos farmacológicos.
b) El nivel educativo o profesional del sujeto.
c) La cantidad de dosis que se ingiera.
d) El tiempo que se lleva consumiendo.

99. La cocaína es una droga:

a) Asintomática para el Sistema Nervioso Central.
b) Estimulante del Sistema Nervioso Central.
c) Depresora del Sistema Nervioso Central.
d) Perturbadora del Sistema Nervioso Central.

100. La marihuana es una droga:

a) Institucionalizada.
b) Sintética.
c) Perturbadora del Sistema Nervioso Central.
d) Estimulante del Sistema Nervioso Central.

Solución al simulacro n.º 10

1. d) Todas las respuestas son correctas.

2. d) 9.

3. b) El Título V.

4. d) Las respuestas a) y b) son ciertas.

5. c) Dos tercios de los miembros que en cada momento lo compongan.

6. b) Título Preliminar.

7. c) Los efectos del mismo, el ámbito territorial a que se extiende y duración.

8. d) La asistencia de letrado en la detención.

9. c) Una insurrección o acto de fuerza contra la soberanía o independencia de España.

10. b) El Presidente del Gobierno previa deliberación del Consejo de Ministros.

11. a) Resolución judicial.

12. c) El Rey.

13. b) El orden regular de primogenitura y representación, prefiriendo la línea anterior a la posterior, el grado más próximo al más remoto, el varón a la mujer, el de mayor edad a la de menos.

14. a) A criterios de representación proporcional.

15. b) De las Cortes Generales.

16. d) Ninguna es correcta.

17. a) Las de garantías constitucionales.

18. b) Madrid, Barcelona, Sevilla, A Coruña y Santa Cruz de Tenerife.

19. b) Los Juzgados Militares Autonómicos.

20. b) En las Audiencias Provinciales.

21. c) Ser español, mayor de edad, disfrutar de los derechos de sufragio activo y pasivo y no estar inhabilitado para ejercer empleo o cargo público por sentencia judicial firme.

22. c) El Rey.

23. d) Cuarenta y ocho horas.

24. c) Crear, modificar y suprimir los órganos directivos de su Departamento Ministerial.

25. a) Ante el Congreso de los Diputados.

26. b) Cinco días.

27. b) La vía privilegiada del artículo 151 y Disposición Transitoria Segunda de la CE.

28. b) La Mesa de Edad.

29. a) A la Provincia.

30. a) Al Ayuntamiento.

31. b) La Junta de Gobierno Local.

32. a) La Administración General del Estado.

33. d) En Cabildos o Consejos.

34. d) De revisión a instancia de parte de sus actos y acuerdos.

35. a) A los Ayuntamientos.

36. a) Su carácter territorial.

37. a) Mancomunidades.

38. c) Cooperación y colaboración.

39. b) Sí, en determinados supuestos.

40. d) Normas presupuestarias.

41. a) Es un medio de evitar que su caso sea decidido en los tribunales de acuerdo con las prescripciones de Reglamentos ilegales.

42. c) Es posible impugnar los actos dictados en aplicación de esta.

43. a) Un Reglamento.

44. c) El Alcalde.

45. b) Bando.

46. c) Del 15 % de los vecinos del municipio.

47. b) El Estado mediante Ley.

48. c) Artículo 142.

49. a) Impuesto sobre Construcciones, Instalaciones y Obras.

50. d) Hasta 750 euros.

51. b) Al año.

52. a) Cuando la infracción en que se basa la orden europea de detención y entrega esté castigada con una pena o una medida de seguridad privativa de libertad a perpetuidad.

53. b) Los 10 días siguientes a la decisión judicial de entrega.

54. c) La iniciativa popular.

55. b) 5 días.

56. c) El Ministerio de Industria y Turismo.

57. a) La fecha en la que ha superado la inspección.

58. d) 2 mm.

59. b) 0,7 mm.

60. a) En sangre superior a 0,5 gramos por litro, o de alcohol en aire espirado superior a 0,25 miligramos por litro.

61. d) Con una tasa de alcohol en sangre superior a 0,3 gramos por litro, o de alcohol en aire espirado superior a 0,15 miligramos por litro.

62. b) En sesenta kilómetros por hora en vía urbana o en ochenta kilómetros por hora en vía interurbana a la permitida reglamentariamente.

63. a) Con una tasa de alcohol en aire espirado superior a 0,60 miligramos por litro o con una tasa de alcohol en sangre superior a 1,2 gramos por litro.

64. c) Que haya observado buena conducta.

65. c) Conspiración.

66. c) A los diez años.

67. a) Provocación.

68. b) Un menor de dieciséis años.

69. b) Prisión de seis meses a dos años.

70. a) En el Capítulo V.

71. c) Definitiva.

72. d) En el Título XI.

73. b) Graves.

74. d) Todas las respuestas son correctas.

75. a) Dentro de las veinticuatro horas siguientes a la sustracción con el compromiso de devolución inmediata que efectivamente lleve a cabo, o la ausencia no hubiere sido superior a dicho plazo de veinticuatro horas.

76. b) 400 euros.

77. d) Tanto cuando se realizan dolosamente como por imprudencia grave.

78. a) El Capítulo IV.

79. b) El valor cultural y social de estos bienes.

80. d) Las respuestas a y b son correctas.

81. d) Todas las respuestas son correctas.

82. d) Todas las respuestas son correctas.

83. b) En el Título XIX.

84. d) Todas las respuestas son correctas.

85. a) Desórdenes públicos.

86. c) El Título XXI.

87. b) Atentado.

88. b) En la Educación Secundaria.

89. d) La defensa y representación gratuitas por Abogado y Procurador en todos los procesos y procedimientos administrativos que tengan causa directa o indirecta en la violencia padecida.

90. c) Seis meses, que les serán considerados como de cotización efectiva a efectos de las prestaciones de Seguridad Social.

91. b) La persona titular del Ministerio de Derechos Sociales, Consumo y Agenda 2030.

92. c) Real Decreto 557/2011, de 20 de abril.

93. c) Cometen un delito.

94. c) El aumento de afiliaciones a la Seguridad Social.

95. b) Solo los mayores de 16 años.

96. c) Al comportamiento del sujeto que provoca una dependencia.

97. d) Una patología dual.

98. b) El nivel educativo o profesional del sujeto.

99. b) Estimulante del Sistema Nervioso Central.

100. c) Perturbadora del Sistema Nervioso Central.

Cómo acceder al Curso

Policía Local
Simulacros de examen

El uso de los códigos **es exclusivo de los compradores de los productos de Editorial MAD**. Cada producto posee un código único y de un solo uso. Es personal e intransferible y da acceso a servicios y contenidos adicionales. Editorial MAD se reserva el derecho de hacer cuantas comprobaciones sean necesarias para identificar al legítimo poseedor del código y dejar de dar servicio a quien haga uso fraudulento del mismo, además de emprender cuantas acciones legales estime oportunas según la legislación vigente.

Deberás acceder a:

mad.es/registro-campus

Si una vez aceptadas las condiciones de uso del Campus decides hacer uso del mismo, necesitarás del siguiente código de acceso junto con los códigos del resto de títulos que se exigen (si fuera el caso):

SPNJ7XWC3R